「良かったこと探し」から始めるアクセシブル社会

障害のある人の日常からヒントを探る

公益財団法人 共用品推進機構
星川 安之 著

JN048690

小学館

はじめに

私は学生時代に、授業の合間をぬって重度重複障害の子どもたちが通所する施設に通っていました。しばらく通っているうちに療育者の「ここの子どもたちが遊べる市販のおもちゃが少ない」という、ため息に近い呟《つぶや》きを耳にしました。その呟きは、私には興味深い数学の応用問題のように聞こえました。丁度、就職を考える時期でした。自分の性格・能力上、他の仕事を選択すると、きっとこの応用問題を解くことはしないだろうと思い、就職先をおもちゃメーカーに絞り、トミー工業株式会社（現：株式会社タカラトミー）に入社したのは1980年、今から43年前のことです。運良く入社半年後に、障害のある子どもたちが遊べる玩具の研究・開発をする部署が新設され、配属されました。

「障害のある子どもたちが遊べるおもちゃを開発し市販する」というこの応用問題の参考書はどこにもありませんでした。そのため、まずは、障害のある子ども、保護者・家族、療育者、教育者、研究者に障害に関して聞くことから始めました。しかし聞けば聞くほど、障害の種別によって不便さやニーズが異なり、障害のある子どもたちすべてが遊べるおもちゃは理想だけれども、実現するのは不可能に近いと思うようになり、1年たった時点で早くも挫折モードになりました。

1年目、歩きまわって1000人ほどの異なる障害のある人たちに「市販の玩具にはどんな不便さがありますか？」と聞いたため、解決しなくてはいけない不便さばかりが山積みになり、とてもおもちゃ開発まで到達しそうにありませんでした。追い打ちをかけるように、上司から「おもちゃメーカーは、調査・研究だけしていても社会に貢献したとは言えない。市販できるおもちゃを開発することを忘れてはいけない」と釘を刺されました。そこで、長期間研究が必要なテーマと、比較的短期の調査研究で成果が出るものを予想、分類し、最初に取り組んだのが「視覚に障害のある子どもたちが遊べるおもちゃ」でした。

視覚に障害のある子どもたちが遊べるおもちゃは、従来のおもちゃの、〝見て楽しむ〟ところを、〝触ったり聞いたりする楽しさ〟に、置き換えたり加えたりすることで作れるのではないかと考えました。そうして最初に開発したのは直径

25センチほどのタオル地のボールでした。目の不自由な子どもたちにとって音の出ないボールはどこをどう転がっているかがわかりません。また、ボールの中に鈴を入れたとしても動きが止まってしまうと音も止まり、これまたどこにあるのかわからず、遊びも止まってしまいます。

ヒントになったのは、盲学校の運動会の競技でした。盲学校の徒競走ではゴールに人がいて、そこがゴールとわかるように鈴などの異なる音を出し続けることで、目の不自由な子どもたちは、ゴールに向かうことができます。このタオル地のボールの動きが止まってもしばらく音が出ていれば良いと考え、ちょっと振動をあたえると30秒間メロディが鳴るICチップを入れたのです。このボールは、「メロディボール」という商品名で市販され、目の不自由な子どもたちに人気の商品になりました。

商品化できたのは、不便なことだけに着目するのではなく、解決している「良かった例」を参考に考えたからでした。

その後、応用問題は、障害のある子どもたち専用ではなく、障害の有無にかかわらず共に遊べるおもちゃ開発に舵《かじ》を切りました。その取り組みは、トミー工業

1社だけではなく、玩具業界全体に広がりました。更に、「障害の有無にかかわらず共に使える商品やサービス」の開発を、他の業界や社会全体に広げていくためには、まずその商品やサービスの「不便さ調査」が必要でした。調査から課題を明らかにし、多様な角度から解決案を作り、合意されたものは、日本産業規格（JIS）、そして国際規格（IS）にしていきました。高齢者人口の増加、バリアフリー、アクセシビリティ関連の条例、法整備等によって、今まで使いにくかった（マイナス）が、商品やサービスが使える（ゼロ）地点になってきています。しかし、不便さを指摘する方法だけでは、ゼロまではいくけれど、もっと使いやすいモノやサービス、つまりプラスにはならないようなのです。

私の所属する公益財団法人共用品推進機構では、2013年から不便さ調査に加えて「良かったこと調査」を始め、商品やサービスだけでなく、社会を「プラスの社会」、言い換えるとより多くの人たちが共生できる「アクセシブル社会」の実現を目指しています。

この本では、第1章で私や私たちが出会った良かった「こと」の事例、第2章では良かった「モノ」、「いいね！」の事例を数多く紹介します。

第3章では、第1章、第2章で紹介した「いいね！」の原点となる「不便さ」並びに「不便さ調査」について紹介します。

第4章では、「個人」の情報・知見から、「みんな」の情報・知見の「いいね！」にしていくために行ってきた「良かったこと調査」について紹介します。そして「良かったモノ・こと」を共有して、「アクセシブル社会」の実現に向けてこれからどのようにしていくかを考えていきます。

もくじ

第2章

第3章 原点は、「不便さ調査」……83

第1章

いいね！　こと編

最初の「いいね!」は、目の不自由な人への説明方法の「いいね!」です。

コロナ禍でも通用すること

世界中に広がった新型コロナウイルス感染症の感染拡大を防ぐために、マスクの装着、消毒液の使用、人との距離をあけると共に、モノとの非接触、人との非対面などが、新たな生活様式に取り込まれました。

しかし、皮膚疾患等でマスクをすることが困難な人、店頭のポンプ式消毒液を手や足で押すことが困難な人、レジに並ぶ際の間隔を示す床に表示された足型を見ることが困難な人など、新たな生活様式を取り込むことが困難な人たちがいます。

「コロナ禍になってから、街や店で声をかけてくれる人が少なくなった」と、視覚に障害のある複数の知人たちから聞きます。それだけでなく、白杖《はくじょう》をつきながら電車に乗っていると、隣の人から突然押され、無言で社会的距離をとるような警告と思われる行為に遭遇することも1~2回ではないようです。更に弱視の知人は、スーパーマーケットで、牛乳を買おうとして買うつもりでないモノを触ってしまい、それを戻そうとすると、隣でそれを見ていたお客さんが、「一度手にしたものを戻してはいけません！」と、大きな声で注意してきたとのことです。自分は店に入る時、消毒液の場所を何とか探しあて、しっかり消毒もしてきたこと、むやみやたらに触っているわけではないことを言い返そうとしましたが、そのようなことができる状況ではありませんでした。

コロナ禍になる前でも、商品によっては手で直接触れられないものがありました。全盲の知人のTさんがよく行くパン屋さんに行った時、顔見知りの店員さんが今日から新製品のパンが発売になったことを彼女に伝えました。それに対して、Tさんは「そのパンはどのくらいの大きさですか？」と尋ねたのです。直接手で触れてもらうのが一番早い方法ではありますが、直接触れることはできないため、その店員さんはしばし考え、次のよう

に伝えました。「お客さま、じゃんけんの『グー』の形をしてみてください。このパンは、その大きさです」と。

同じくTさんと、東京の両国駅近くにある江戸東京博物館を訪問した時にも、工夫をこらした説明に出会うことができました。普段は、フランス語で館内案内のボランティアをしている女性が担当、その人には数日前、全盲の人が館内案内を希望していることが伝えられていました。全盲の人を案内したことのないボランティアガイドの女性が最初に考えたのは、館内で「触れることのできる展示物」の場所を確認しておくことでした。

そして当日、Tさんを出迎えるボランティアガイドの女性は、初めて案内するといった不安な表情は微塵《みじん》もなく、この博物館の良さを一人でも多くの人に知ってもらいたいというオーラに包まれていました。

神田明神の山車《だし》など建築模型や大型模型のミニチュア、喜多川歌麿《きたがわうたまろ》の「糸屋小いとか相」、東洲斎写楽《とうしゅうさいしゃらく》の「四世松本幸四郎の肴屋《さかなや》五郎兵衛」の浮彫り細工など、触れることのできる展示を紹介しながら、次に向かったのが大きなガラスの中にある大きな屏風《びょうぶ》のある場所。そこで彼女はポケットから自分で紙を折って作ったミニチュアの屏風を取り出しました。それをTさんに渡しながら、「この面には緑の森に囲まれたお城が、この面には街並みの絵が描かれています」と説明していったのです。その説明が終わると、「次にこの屏風の大きさを説明します」と言い、屏風のはじに立ち「ここから始まります」と伝え、一緒に歩き、屏風の終わりのところで止まり「ここが屏風の終わりです」と伝えたのです。パン屋さんの「グー」、江戸東京博物館の「手作りの屏風や、共に歩いた距離」は、コロナ禍でも応用できる秀逸な工夫です。

次の「いいね！」は、ある商店街が長年の経験で積み重ねてきた「いいね！」です。

新所沢駅東口にある商店街

平成28（2016）年4月1日に施行された「障害を理由とする差別の解消の推進に関する法律（障害者差別解消法）」は、誰にとって何が差別であり、その差別を解消するためにどのような工夫、つまり合理的配慮が有効であるかを知り、実施することを定めています。この法律が今までの障害者関連の法律と異なっているのは、一律にこの場合はこうするということではなく、まずは障害当事者とコミュニケーションを図り、その人にとっての合理的配慮とは何かを知ることが出発点となっています。

それを既に40年も前から実践している商店街が、埼玉県の新所沢東口駅前商店会です。埼玉県所沢市にある「国立障害者リハビリテーションセンター（国リハ）」から一番近くにある商店街です。新所沢駅東口から延びる通りとそれに垂直に交わる通りで構成されるこの商店街には、青果店、眼鏡店、菓子店、ふとん店、日用品店、クリーニング店、不動産などの店舗が並んでいます。

44年前に開設された国リハでは、今でも全国から中途で障害者になった人など約300名が平日の朝から夕方までリハビリを行っています。視覚、聴覚、肢体、発達、精神など幅広い障害のある多くの人たちは、平日のリハビリが終わった後、土曜、日曜の休日に商店街で買い物や飲食をすることなど、日常生活の一部となっています。

国リハができる前から開業している和菓子屋さんは、目の不自由なお客さんが来店すると、まず店に並んでいるものの大分類である「お饅頭《まんじゅう》」、「お煎餅《せんべい》」、「飴《あめ》」などがあることを伝え、その次にお客さんが希望している分類の細かな商品を言葉で紹介し、最後に試食をしてもらうことにしています。

青果店の店主は2代目で、国リハができた時は学生で、時々店を手伝っていました。「最初に手や足の不自由な人が店に来られた時には、見てはいけないのではないかと思ったんです」と、当時を振り返って話してくれました。「それが、何かきっかけがあったわけではなく、何度も会っているうちに、見てはいけない人たちではないことがわかり、そうなると、この人が何を必要としているかが自然にわかるようになりました」と言います。

「例えば、手の力が弱い人が、ブロッコリーのように硬い野菜を買われた時には、切って渡すようにしています。ただし、勝手に切るのではなく、必ず『切りますか？』と、聞いてからにしています」と話してくれました。

人は一人一人違い、その一人でもいつも同じではない。そのため、提供する側が合理的配慮と思い行動したことでも、その日、その時によって合理的配慮でない場合もあります。この街の人たちは約40年以上の日々の経験の中でそのことが、既に当たり前の日常として感じているのです。

この商店会の会長は、不動産屋さん。

「2年から3年すると、リハビリが終わり、それぞれの家がある地域に戻っていくのですが、中にはこの街が住みやすいと、そのまま住み続ける人も多くいます。よく、障害のある人が一人でアパートなどを借りるのは困難という話を聞きますが、この街では障害のある人がいることが当たり前のため、大家さんもオーナーさんもしっかり受け入れてくれています。いざとなったら、私が間に入るつもりでいるのですが、私の出番は今まで一度もありません」と笑って話してくれました。

次は、お父さんの一言への「いいね！」です。

聞いてみたら？

知人の全盲の会社経営者は盲導犬と生活しています。彼が公園でひと休みしていると、盲導犬に興味を持った子どもたちに盲導犬の名前や年齢、特技などを聞かれることが多いと言います。

その日もいつものように公園で盲導犬とひと休みしていると、声の感じから小学校中学年くらいの子どもが彼に近づき、無邪気に放った次の質問に彼は言葉を失ったと言い

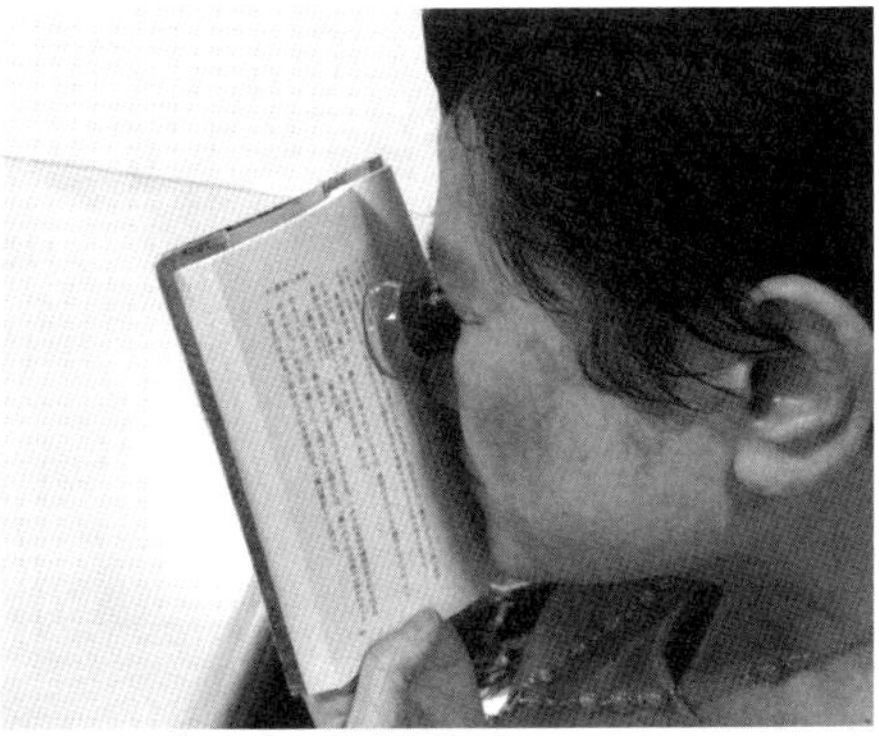
ルーペで本を読む芳賀優子さん

ます。「おじさん、どんな悪いことをして目が見えなくなったの？」

別の知人の芳賀優子《はがゆうこ》さんはロービジョン（弱視）で、生まれた時から見えにくく、本などの文字は高さと直径が約3センチの円柱状のルーペを文字にあて、目を付けて読んでいます。その日も彼女は電車に座ると文庫本を開き、ルーペをページにあて、片目をルーペに付けて読み始めました。

芳賀さんの右隣に座った小学校中学年くらいの男の子は見慣れないルーペに興味津々です。彼は右隣の父親に向かって小声で「お父さん、あれ何？　あれ何？」と答えを求めています。

障害のある人に興味を持った子どもたちに「見てはいけません」や、「悪いことするとあの人みたいになりますよ」と伝える親に多く接してきた彼女が耳にした父親の返事は「おばさんに聞いてみたら」でした。

心の底から嬉しくなった彼女は、男の子に「ルーペを使うと字が大きく見えること」、

「ルーペで指を見ると指紋ばかりか汚れも見えること」を、実物を触らせて説明しました。視覚障害者には、見えない「全盲」と見えにくい「弱視」の人がいるという説明を、男の子はとても熱心に聞いたと言います。

降りる駅が同じだとわかると、その子は芳賀さんの手を取り、電車からホーム、階段から改札口へと会話をはずませながら誘導しました。改札口で「じゃ、またね！」と彼女に言う男の子の後ろから父親が「自分の知らないことを、教えてくださってありがとうございました」と一礼したとのことです。

誰もが暮らしやすい「アクセシブル社会」を作っていくためには、どんなことがそれを阻害しているかを知ることも重要ですが、更に重要なのは男の子の父親が子どもに伝えた「聞いてみたら」を、誰もが思い込みなく受け取り、実行することかもしれません。

私の所属する共用品推進機構では長年、障害のある人・高齢者の日常生活における「不便さ調査」を行ってきましたが、２０１３年からコンビニエンスストア（コンビニ）や医療機関などでの「良かったこと調査」を行い、18年からは自治体における良かったこと調査を行っています。そこには、父親の「聞いてみたら」に匹敵する良かったこと、「いいね！」が数多く挙がっています。

次は、障害者団体が各地で行っている「全国大会」の時に見つけた「いいね！」です。

障害者団体の全国大会

２０１６年６月８〜12日、「アスティとくしま」（徳島県）において、「第64回全国ろうあ者大会」が行われ、各都道府県から、約２１００名の参加がありました。私は、６月11日に行われた「アクセシビリティに関する研究分科会」に招かれ、パネラーの一人として参加したのですが、東京から徳島の会場までの往路での経験が、まさにアクセシビリティに関する研究になりました。

徳島には、当日の朝、羽田空港から飛行機で向かいました。空港で手荷物の検査場を通り、徳島阿波おどり空港行の待合室に向かうと、そこは既に大勢の人で席が埋まっていました。大勢の人たちがいるにもかかわらず、静かな待合室。多くの人の手指は活発に動き、あちらこちらで手話が交わされていました。待合室の大半は、徳島大会に向かうであろう人たちでした。

搭乗時間が近づき、声によるアナウンスが流れましたが、手話で会話している人には聞こえていないため、お互いの手話での会話が続いていました。しかし、誰かが「搭乗中」の電光掲示板に気付いて立ち上がると、その行動が皆に伝わり、一斉にゲートへと向かい始めました。音声案内ではなく電光掲示板により、情報が伝わっていることが確認できました。

次は機内。離陸し、キャビンアテンダント（ＣＡ）による非常時の際の説明も、言葉と共に身振りや印刷された説明書により、情報は平等に伝わっていきます。そして次は、飲み物サービス。水、お茶、ジュース、スープなど約10種類もの中から、ＣＡが乗客一人一人に言葉で説明し、それぞれの好みのものを渡すというシステムです。

最初、言葉で説明していたＣＡもすぐに言葉だけでは伝わらないことを理解し、各種飲み物のパッケージを指でさしながら注文を受けることに切り替えました。無事、空港に着き、徳島市内行きのバス停まで移動。待っていたバスは、手話を使う人たちですぐに満席となりました。料金、行き先などの質問に、最初は大声で答えていた運転手さんも、大声でも伝わらないとわかると、筆談を始めました。

大声から筆談へコミュニケーション方法を変えるのは、徳島市内の有名ラーメン店でも同じでした。こうして、毎年異なる都道府県で行われる当事者団体の大会は、その街の人たちを変えていく力があることを実感しました。

同じく毎年異なる地域で大会を行う「公益社団法人日本リウマチ友の会」では、１００名ほどが宿泊する周辺の宿泊施設に対し、「私たちリウマチ患者は手や指が不自由です」と始まる次のようなお願い文を送り、協力の依頼を行っています。

・できるだけ段差をなくすようにしてください。
・ベッドの上かけを挟み込まないようにセットしてください。
・シャワーは最下段にセットしてください。
・タオル類など、通常高い位置にある物は、低いところにセットしてください。
・蛇口は、ゆるめにしておいてください。

その他として、施設の備品にもよりますが、「自助具のドアノブ回しなどを渡してください」などがあります。

それを読んだホテルの人たちはすべての希望を受け入れると共に、「他にはありませんか？」と、必ずと言ってよいほど聞いてくれるとのことです。

障害のある人とない人との間にある「思い違い」という大きな壁は、「接すること」、そして「言葉で伝えること」で、なくすことができると、徳島大会での往路、そして日本リウマチ友の会のお願い文が教えてくれています。

次の二つは、電車内の空席に関する「いいね！」です。

空席（その1）

「合理的配慮」とは、国際連合（国連）が提唱し、日本が平成26（2014）年に批准した「障害者の権利に関する条約（障害者権利条約）」にある「リーズナブル・アコモデーション」を訳した言葉です。「リーズナブル」と聞くと、お手頃なお値段といったことが頭に浮かびますが、この条約の中では、過度の負担のない配慮という意味で使われています。

その合理的配慮を行うにあたって重要なことは、「障害のある人のニーズを把握すること」ですが、これが人によっては、困難な場合があります。その原因の一つは「障害のある人に対しての思い込み」です。思い込みの中で多いのは、自分の思っている障害像にあてはめるケースです。

私が、私よりはるかに若い目の不自由な人と電車やバスに乗ると、座っている人は必ずと言ってよいほど、私ではなく目の不自由な人に席を譲ってくれようとします。そこで、「この人は、目が不自由なだけで、怪我をしているわけではないので、座らなくても大丈夫です」と一瞬、説明をしようと思ったりします。しかし、勇気を振り絞って席を立ち、譲ろうとしてくれる人の気持ちを考えると、その言葉は飲み込み、目の不自由な彼または彼女が、私の代わりに座ることになります。

しかしこの状況は、私がいないで目の不自由な人だけであれば、変化することが多いのです。その変化とは、座っている人たちは一度は目の不自由な人が車内に乗り込んできたことを確認します。そこまでは同じなのですが、その後、目の不自由な人に声をかけることはためらったり、新聞に目を落としたり、目を閉じたりする人を多く見かけます。前述のように、席を替わることが必ずしも必要ではないので、間違った行動とは言えません。

目の不自由な人の不便さの一つに「初めて行く場所が、どのような状況になっているかがわからない」ということがあります。目の不自由な人が普段乗る車内の仕様を把握していたとしても、どこの席が空いているかはわかりません。もし空席があるのであれば、そこを乗客の誰かが知らせることがこの場の「いいね！」となります。

空席（その2）

次は、社会福祉法人日本点字図書館理事長長岡英司《ながおかひでじ》さんが、館長を務めていた時期（2020年3月31日まで）に通勤電車の中で経験した「いいね！」です。

　2年前からのコロナ禍で、それまで満員で座ることができなかった電車も、多くの席が空いている状況となっていました。しかし、いくら空席が多い状況でも白杖使用者の長岡さんにとっては、どこが空いているかはわかりません。そのため彼は、コロナ禍以前と同じように、席探しをあきらめ、扉の近くの手すりに白杖を持って立っていました。そんなある日、「座りますか？」と声をかけてきた女性がいました。前項のように、多くの人は障害のある人に声をかけるのをためらいます。

　ためらわない人でも、「席が空いていますが、お座りになられますか？」と、かしこまった話し方になることが多いです。かしこまった声掛けは、話しかけられた方も、つい身構えてしまい、席に着くまでがおおごとになってしまうと長岡さんは言います。そんな経験を積んできた長岡さんが受け取った「座りますか?」は、何とも心地よい言葉でした。

「はい」と答えると手を引っ張るなどの誘導ではなく、何とも自然に席に座ることができました。次の日、同じ時間の同じ車両に乗車すると、昨日と同じ女性が「昨日の席は空いていないので、その隣です」と、かしこまらない声をかけてきました。そんな会話が数か月続いたある日の朝、「座りますか?」と声をかけられました。言葉は同じでしたが、声のトーンが明らかにいつもの人と違います。長岡さんは、「はい」と一言、数か月間、いつもの人に伝えたように答えました。すると、声のトーンが違う女性も、いつもの通りの方法で、長岡さんを空いている席の前まで誘導し「ここです」と一言告げて、いつもの人と同じようにその場から離れていきました。

次の朝は、またいつもの女性が声をかけてくれましたが、時々、二人目の人や更に違う人の時もありました。違う人が声をかけてくれた日が、いつもの人がいなかった時なのか、いつもの人がいても、違う人が先に声をかけたのかは定かではありません。ただ、いつもの人が、いつもの時間、いつもの電車のいつもの場所で、長岡さんに声をかけ、空いている席まで誘導している光景を他の人たちが見ていたことは、ほぼ間違いないでしょう。

1993年、日本点字図書館が行った視覚障害者279名への『朝起きてから夜寝るまでの不便さ調査』では、数多くの不便さが明らかになりました。電車、バスに乗った後に、「空席を探すことができない」という回答が116件からありました。調査から約30年たち、設備や機器は使いやすく変わってきていますが、「空席探し」は、周りの人たちの意識が変わらない限り、いくらシステムが整っても解決にはなりません。

しかし2年間、長岡さんが経験した空間では、一人の声掛けから、その場の空気が変化し「声掛け、誘導」が自然と定着しました。

2年間、毎朝の15秒足らずの時間では、「いつもの人」も長岡さんもお互い名前を名乗ることはしませんでした。しかし、長岡さんは、通勤時間が変わることもあり、その報告と共にお礼を伝え、初めて名刺を渡しました。後日、その女性からメールがあり、そこには、「最初、長岡さんだけが立っているのを見て、フェアではないと思い、声をかけました」と書かれていました。女性のかしこまらず、さりげない行動は「フェア」を生み出すことと、「フェア」は連鎖することを教えてくれました。

余談ですが、国際的なバイオリニストの和波《わなみ》たかよしさんは、白い杖をついて生活をしています。仕事の関係上、ロンドンで暮らした経験があり、その違いをうかがったことがあります。

「日本では、いまだかつて一度もないことを、ロンドンでは数回経験しました。それは、一人で白杖をついてロンドンの街中を歩いている私に、目の見える英国人が道を聞いてきたことです。最初は、違う人に声をかけていると思ったのですが、私に聞いていたのです。実は、私はロンドンの街は、歩数計算をして歩いているので、どこの店と聞かれると、『右に何歩行って、その角を左に曲がって50歩くらいのところにあります』と正確に答えられるのです」と話してくれました。これも「フェア」な「アクセシブル社会」の好事例だと思います。

次は、地域との交流から生まれた「いいね!」です。

駅前の花壇

東京のJR西荻窪駅の南口を出てすぐの公共空間には花壇があり、行き交う人々に四季の変化を花の種類で知らせています。

約20年前、ただの空き地だったこの場所を花壇にしたいと地域や自治体に働きかけ、承認されると仲間と共に、資金集め、花の選定、植え込み等を行ってきたのは、駅前で履物店を長年営んでいた土屋《つちや》嶺子《れいこ》さんです。

58年前、滋賀県から東京に嫁ぎ、3代目の履物店のご主人と共に35年以上、履物業に精を出してきました。持ち前の明るさと行動力は、周りの人たちをいつも笑顔にしていました。異変に気付いたのは、ママさんバレーのライトアタッカーをやっていた時、それまでなかった空振りを頻繁にするようになったことがきっかけでした。

また店では、下駄の鼻緒をピンクにしてほしいという注文を受け、鼻緒を付けると、「おばさん、これピンクじゃなくて黄色だよ」と言われ、眼科に行くと「網膜色素変性症」と診断されました。色の区別がつきにくく、徐々に視力が低下していくこと、今現在治療方法はないことが告げられました。そう告げられた土屋さんですが、さほど驚かなかったと言います。

診断を受けた彼女は、網膜色素変性症を正確に知るために、患者とその家族、医療従事者、支援者で構成される「公益社団法人日本網膜色素変性症協会（ＪＲＰＳ）」に入会、当事者がどんな不便を抱えているかなどを学びました。その結果、診断を受けてから外に出なくなってしまった人や、今まで行えていたことが行えず気力を失ってしまった人がいることを知りました。

できないことを考えるのではなく、何ができるかを考えた彼女は、「ダンス」、「歌」、「陶芸」など、次々と今まで経験したことのないことに挑んでいったのです。「これはいける！」と思ったものは、網膜色素変性症の人たちを始め、多くの人を誘い、

西荻窪駅前の花壇

会を作り、誰もが参加できる仕組みを作っていきました。ダンスでは、視覚障害者のダンス大会で、ベテランを抑えて全国大会で7位になるなど、自ら楽しんでいることを周りに示しているのです。

活動には移動がつきものです。移動していると、視覚障害者にとって、危険な場所があることにも気付きます。駅の階段の段鼻《だんばな》（段の先端部分）がわからないと、踏み外し大怪我をする可能性もあります。彼女は、「黒いふちのある黄色のテープを階段の段鼻に貼っていただきたい」と、その理由を理路整然と説明したことで、関係者の心を動かして、２００７年には、多くの駅にそのテープが付くようになりました。

日本網膜色素変性症協会での活動にも力を入れ、オランダやフィンランドで行われた世界大会にも出席、各国からの参加者とも多くの情報交換を行いました。

そんな彼女、頭に街の地図が入っていることもあり、地元では一人歩きをすることが多くあります。ただ、工事中などで普段と様子が違うところを歩いていると、必ず誰かが声をかけてくれ、時には走って危険を知らせてくれる人も多いと話してくれました。彼女が他人のために行っている活動を見守る街の人たちのまなざしは温かいのです。冒頭の花壇は、見えない彼女からそんな街の人たちへの「いつも、ありがとう」のメッセージでもあるのです。

次は、全盲の水出智津《みずいでちづ》さんが盲導犬ユーザーになろうと思った理由に関する「いいね！」です。

彼女が盲導犬ユーザーになった理由

「おかあさん、パジャマどこかなぁ？」。自分で脱いだパジャマが見当たらず、息子たちが母親に聞くことは、水出家の日常会話となっています。どこの家庭にでもありそうなこの会話ですが、水出家では少々事情が異なります。それは、パジャマを探す息子は目が見えていますが、母、智津さんは、全盲の視覚障害者という点です。

智津さんは、大分県で15歳まで過ごし、高校から東京の盲学校に通うために上京。心理学を学びたかったのですが、当時の制度の壁にぶつかり断念。卒業後は点字出版の会社に勤務しました。その後、学生時代から知り合いだった鍼灸《しんきゅう》の教員である弱視の男性と結婚。長男を授かりました。長男がお腹にいる時、子育てする自分を想像し、決心したのが「盲導犬ユーザー」になることでした。

「子育てをする、公園に子どもを連れて行く、子どもを通じて他のお母さんとも親しくなる。けれど、子どもは他の子どもに合わせることなく、公園から自宅に早く帰りたいという時もあるだろう。とすると、今住んでいる集合住宅から一番近い公園は大きくて、入口、出口の場所が、見えない自分一人ではわからなくなる」。そうなると、いつも他のお母さんに、出口まで案内してもらうことを頼まなくてはなりません。他のお母さんたちにもそれぞれの事情があり、いつもこちらから一方的に頼むことはできないと思いました。そこで思いついたのが、盲導犬ユーザーになることでした。

願いが叶い、智津さんのもとに、盲導犬がやってきました。さっそく、夫に頼み、夜の公園で出口に導く訓練を開始しました。そしてジャングルジムやトイレを出口と間違えるといった失敗を何回も乗り越え、智津さんは見事に盲導犬と共に公園デビューを果たしたのです。

それから約20年、智津さんは、さいたま市の社会人講師として、年に約70の小中学校で、福祉に関する講座に、4代目の盲導犬アニーと共にでかける日々が続いています。

智津さんが毎日している料理の話では、最初、1回上部を押すと、0・5cc出る目の不自由な人用に開発された液体調味料入れや、量を量《はか》るために複数の大きさがあるスプーンを便利に使っていましたが、いつの日か、液体調味料の瓶からそのまま注いでも手の感覚と音で適量を量れるようになったこと。揚げ物には、短い割り箸《ばし》を使い、鍋の中の揚げられていくものの状態を箸先の感覚でわかるようになったことなど、彼女の話一つ一つに、子どもたちは目を輝かせながら引き込まれていきます。

圧巻なのは、盲導犬の排泄《はいせつ》の話です。盲導犬も排泄をする。そのためには排泄の場所を探すことになりますが、見えない人にとってはそれが困難です。そこで、智津さんたちが利用しているのが小さなポリ袋。尻尾と専用のベルトとを利用して排泄部に設置します。これであれば、場所を探さなくてもいいし、他人に迷惑をかけなくてすむ、と笑って話します。話を聞いているうちに、子どもたちは、彼女が見えていないことを忘れてしまいます。というより、見える見えないという問題よりも、彼女の行動と考え方に引き込まれていくのです。

さて冒頭のパジャマ問題。彼女曰く、「視覚的にモノを探す息子より、頭で探す私の方が、失くしものを探し出す確率は数段高い！」と言い切ります。そんな彼女の周りには今日もたくさんの笑顔があふれています。

いくつかの「いいね！」を紹介してきましたが、第1章の最後は、一人一人の「いいね！」を、みんなの「いいね！」に変えた話です。

東京文化会館のエピソード集

数年前、東京都台東区の上野公園にある東京文化会館から、全職員向けに『アンサンブル』という題名の小冊子が配布されました。

23あるエピソードの中で一つだけ注意書きがされたものがあります。それは、白杖を使用されているお客様をお出口に案内する際の話です。「『21時を過ぎると上野駅公園交差点の青信号のメロディが鳴らなくなるのでとっても怖いんです』とうかがいました。一瞬迷いましたが、お客様と一緒に信号を横断し、改札の点字ブロックまでご案内いたしました。『本当にありがとう。また何度でも来ます』と言ってくださいました（ホール案内）」。このエピソードに対して、囲みで「本来、ご案内は館内限定ですが、状況によっては『一人の人間として』お手伝いするケースも出てきます。責任者への連絡と安全の確保には十分注意しています」という内容です。

また舞台から観客席を見ると、椅子の席の色がランダムに複数あることがわかります。誰もいない観客席でも、舞台上から見ると、あたかも多くの人が入っているように見えます。担当者に聞くと、お客さんが少ない時でも演奏する人たちの気分が萎《な》えることがないようにという工夫とのこと。更に聞くと、来場者だけでなく、演者にも思いを向けられる施設では、ハード面だけでなく、人的応対も障害の有無、年齢の高低にかかわらず多くの工夫が行われているそうです。

また、「桜の時期になると、『桜はどこで咲いていますか？』という質問があり、同館の来場者ではないけれど、せっかく上野に来てくださった方のためにと、いつも答えられるようにしています」から始まって、「開演前に客席をまわっていると『少し寒いわね』とお客さん同士の会話が聞こえたので、よろしかったらと毛布をお持ちしたら、びっくりされながらもとても喜ばれました」などなど、多くの良かったことに触れることができます。

『アンサンブル』の表紙

同会館から、共用品推進機構への最初の依頼は、「来館される障害のある人、高齢者に対する従業員向けの応対マニュアル作成」でしたが、打ち合わせを行う中で、全職員一人一人の心の内に秘めた良かった応対のエピソードを一度オープンにしてみるのはどうかとなり、全職員にアンケートを実施しました。そこで得られたエピソード一つ一つに、イラストをつけ、「東京文化会館〝流〟おもてなしエピソード」として発行されました。この『アンサンブル』は、今も良かったことを語り継いでいます。

そしてこのような話は身近なところにもあります。

先日、ある自治体で生活困窮者の相談に乗り支援する役割の民生委員へのアンケート結果を見る機会がありました。14年間民生委員を続けている人から良かったこととして、「民生委員になる前よりも、いい意味でおせっかいになったこと」とあり、工夫したことには「民生委員は、ここまでやらないこと、とか、やっちゃいけないことなど、いくつかありましたが、これは『おとなりのおばちゃんとして‼』と言って、やって差し上げました」とありました。

前述の注意書きの解決方法のように「一人の人間」としてできることが、とても身近なところにもあることを、このアンケートのコメントを読んで知ることができました。

第2章

いいね！ モノ編

最初の「かしわ餅」は、先人の知恵に関する「いいね！」です。

かしわ餅

江戸時代の風俗研究家であった喜田川守貞《きたがわもりさだ》が書いた『守貞謾稿《まんこう》』の中に、かしわ餅に関して、「江戸には味噌餡《みそあん》（砂糖入味噌）もあり、小豆餡《あずきあん》は葉の表、味噌餡は葉の裏を出した由」とあります。これは、味噌餡と小豆餡のかしわ餅を、葉の裏表の違いを見て区別することができるだけでなく、目の不自由な人が触って区別ができるのです。つまり、日本には江戸時代から障害の有無にかかわらず便利な共用品（アクセシブルデザイン）があったのです。

共用品の普及を行っている共用品推進機構では、この記述をもとにパンフレットを作成しました。表紙にみそ餡とこし餡、二つのかしわ餅の写真を大きく載せ、そこに「江戸時代のかしわ餅、『こし餡』は葉の表側が、『みそ餡』は葉の裏側が「表」になっています。葉の裏表で目の不自由な人も触ってわかります」と説明を加えました。

このパンフレットは観音開きになっていて、中を開くと、上部と側面に「きざみ」が付いたシャンプー容器をはじめ、家電、文具、バス、電車などの共用品が紹介されています。各種イベントで配布したこのパンフレットは、多くの人の「へ～」につながりました。

それならばと、かしわ餅のシーズンに、和菓子屋さんの店頭にこのパンフレットを置いてもらったら「なんだろ？」の疑問を持ったお客さんと店の人との会話がはずみ、更なる「へ～」につながるのでは？と考え、東京の千代田区商店街連合会会長の髙山《たかやま》肇《はじめ》さんに相談しました。髙山さんは、「それは、おもしろいね！」と、神保町にある和菓子屋さんに同行してくださり、2軒の店頭に置いてもらうことができました。「後日両店から、たくさんの『へ～』が聞かれましたよ」と、感想をうかがうことができました。

その後、このパンフレットを、全国和菓子協会の藪《やぶ》光生《みつお》専務理事にも紹介したところ、「有意義な活動をされて

誰かの不便さ・便利さを、みんなの使いやすさに
かしわ餅！触って分かる！
江戸時代のかしわ餅、「こし餡」は葉の表側が、
「味噌餡」は葉の裏側が表になっています。
葉の表裏で目の不自由な人も触って分かります。
江戸時代から現代に
みんなの話し合いで
受け継がれ、進化する工夫
公益財団法人
共用品推進機構
ADFJ
かしわ餅パンフレット

いますね。和菓子のかしわ餅とつなげてもらったこと、とても嬉しく思います。もし良かったら、全国の和菓子屋さんが読む媒体にこのことを書いても良いですか？」と、とても嬉しいお話をいただき、即座に「どうぞよろしくお願いいたします」と答えました。「ところで、一つだけ文章を変えていただけたら、全国の和菓子屋さんに、このパンレットを配布できるのですが」と藪専務理事。和菓子屋さんの中には、裏表を、江戸時代の文書とは逆に行っている店もあるので、みそ餡は裏と決めないで、みそ餡、こし餡を、葉の表裏で区別していると表現してもらえると、全国の和菓子屋さんに紹介しやすいとのことでした。

ルールは、守られることで初めて効果を発揮します。けれども、そのルールの許容範囲が狭すぎると、誰も使うことができません。「使われるルールとは」を、藪専務理事に改めて教えていただき、さっそく、その箇所を「江戸時代のかしわ餅は、こし餡、つぶ餡、みそ餡を、葉の表裏で区別しています。葉の表裏の手触りは、目の不自由な人も、触って区別できます。」に変えたものを作り、協会に届けさせていただきました。

更に表紙のこし餡、みそ餡の葉の手触りを変えて印刷した、触ってわかるパンフレットを全国の盲学校にも配布し、更なる「へ～」につなげました。

次は、同じ形の容器で中身が異なるパッケージの識別の工夫に関する「いいね！」です。かしわ餅の工夫とは違った「いいね！」があります。

シャンプー・リンス

現在、市販されている多くのシャンプー容器の側面と上部には、「きざみ」が付き、目の不自由な人だけでなく、髪の毛を洗う時、目をつむる大多数の人にとってシャンプー容器とリンス容器を触って識別できる工夫がされています。

１９９２年度に日本点字図書館と共用品推進機構が共同で行った視覚障害者、約３００名への日常生活における不便さ調査では、触覚による識別が困難で不便を感じている製品の第１位として、シャンプー容器とリンス容器が挙がりました。この結果を複数のシャンプー・リンスメーカーにお伝えする報告会を開催したところ、10社から本部長クラスの人たちが参加してくださいました。

報告会では、目の不自由な人の一日を全盲の人が紹介すると共に、調査結果から、シャンプーとリンス容器の識別に不便を感じている視覚障害者が多いことをお伝えしました。報告会の後半では、参加各社から、シャンプー・リンスを触って区別するために行ってきた取り組みが報告されました。点字シールを配布している企業、容器の大きさを変えている企業など、それぞれ有意義な工夫でした。しかし、いずれの工夫も、会社の枠を超えて共通して採用するには至っていませんでした。

そんな中、花王株式会社から参加されていた青木誠《あおきまこと》さんから「弊社では、数年前より毎年、目の不自由なお客さまから、『シャンプーの前にリンスをしてしまった』、『シャンプーの後にまたシャンプーをしてしまった』といった声をいただいています。そこで1年前からプロジェクトを組み、試作品を作って目の不自由な人、目が見える人にそれを試してもらってきました。その結果、シャンプー容器の側面に、ギザギザ（きざみ）を付けることにしました。他社がリンス容器にきざみを付けると使う方が混乱すると思い、実用新案に登録しましたが、権利は無償で放棄することにしています。ご賛同いただけるのなら、シャンプー容器にギザギザを付ける工夫を共有していただけたらと思います」と報告されました。

1991年に花王から発売されたギザギザ付き第1号のシャンプー容器を皮切りに、牛乳石鹼共進社株式会社、日本リーバ株式会社（現：ユニリーバ・ジャパン株式会社）

がすぐに追従しました。その後、このギザギザを採用する企業が増え続け、今では日本で販売されているほぼすべてのシャンプー容器の側面や上部（ポンプ式）に、付いています。そして、この「触ってわかる工夫」は、シャンプーとリンスの容器識別に留まらず、他の容器にも広がっていきました。

１９９５年には、アルコール飲料の上部に点字で「おさけ」と表示されました。１９９８年には家庭用ラップ容器の側面にラップの頭文字である「Ｗ」が浮き出た文字で表示され、触ってアルミホイルと識別できるようになりました。

２００１年には、牛乳の紙パック上部、開け口と反対側に半円の切欠きが付き、ジュースなどの紙パック飲料と触って識別できる工夫が始まりました。更には、ジャムの瓶、ソース、ケチャップなどの調味料の容器に点字が表示され、目の不自由な人たちの利便性につながっています。なお、これらの工夫は２０００年に、日本産業規格（ＪＩＳ）となり、更には２０１１年に国際標準化機構（ＩＳＯ）から国際規格としても発行されています。

ボディソープ

２０１５年２月より、側面と上部に一本の凸線が表示されたボディソープ容器が、スーパー、コンビニ、ドラッグストア等に並び始めました。この「１本の凸線」は、目の不自由な人にも、シャンプー容器、リンス容器との識別ができるようにと付けられたものです。ここでは、「１本の凸線」に至るまでの経緯を紹介したいと思います。

前述の通り既に多くのシャンプー容器には、目の不自由な人たちからの要望で、側面と上部にきざみが付き、リンス容器と触って識別できるようになっていました。そこに視覚障害の当事者団体から「ボディソープを識別することが困難である。何とかならないだろうか？」という要望書が共用品推進機構に届きました。

さっそく作る側、購入する側、使用者側の関係機関で検討が始まり、サンプルを作り、使い勝手についての調査が繰り返し行われました。その結果、「１本の凸線」をボディソープの側面と上部に表示することが決まり、２０１４年５月に発行された「ＪＩＳ Ｓ ００２１包装―アクセシブルデザイン―一般要求事項」に掲載されました。そして、２０１５年２月より、株式会社資生堂、花王、ユニリーバ、株式会社マンダムからこのＪＩＳに掲載された通りのボディソープが続々と発売されました。

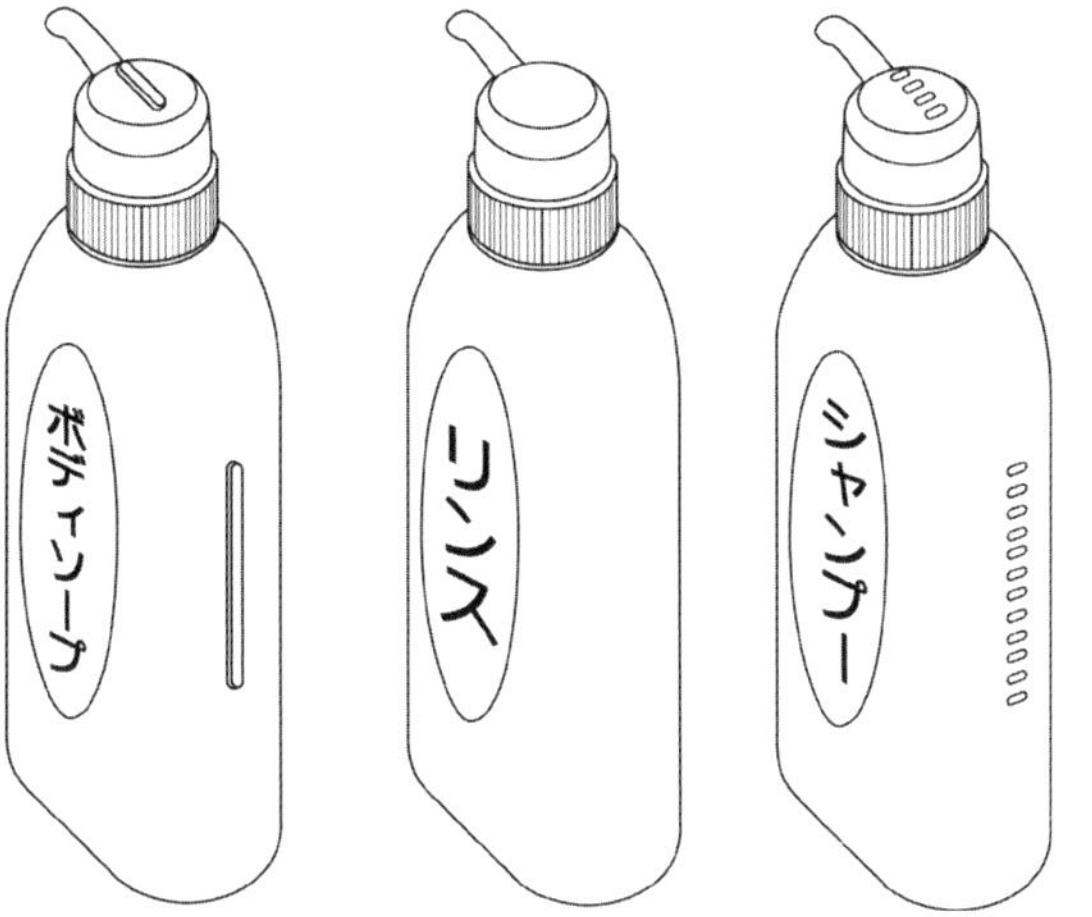

触って区別できるシャンプー・リンス・ボディソープ

目の不自由な人たちにとって、これは大変嬉しいことではありましたが、その嬉しい気持ちを企業に伝えなければ、メーカーは作り続けてよいのか、改良が必要なのかがわからないかもしれません。

そこで、視覚障害当事者団体の社会福祉法人日本盲人会連合（現：日本視覚障害者団体連合）と、支援団体である日本点字図書館が考えて行ったのは、1本の凸線を付けてくれた企業一社一社と、業界団体である日本化粧品工業連合会を訪問し、感謝状を渡すことでした。2015年10月7日、東京都港区の日本化粧品工業連合会において感謝状贈呈式が行われました。次がその時の全文です。

日本化粧品工業連合会　会長　小林 一俊 様

この度貴会が全身洗浄料の容器に「触覚識別表示」を採用されたことによって視覚障害のある者がシャンプーと同様全身洗浄料を識別することが可能になりました。以前から行われているこの取り組みは視覚障害者の自立を支援する重要なことであると共に視覚障害者が権利の主体として生活する重要な支援策であると考えております。このような取り組みを続けてくださる日本化粧品工業連合会様に対し日本盲人会連合会員一同深甚なる感謝の意を表します。

平成27年10月7日

社会福祉法人　日本盲人会連合

会長　竹下義樹

ボディソープ容器の触ってわかる工夫は、当事者団体が不便さを企業に伝えるところから始まり、その課題を多くの関係機関で共有した結果、1本の凸線という回答を導き出し、ＪＩＳに採用され、複数企業から凸線が付いた商品が出るに至りました。リレー競技に例えると、感謝状を企業等に渡すことにより、当事者団体からメーカーに「たすき」がしっかり渡され、使う側、作る側がつながった状態です。この連携は次の「いいね！」につながる好事例と言えます。

次に紹介するオセロは、目の不自由な人も遊べる工夫から、更に大きな進化を重ねたことへの「いいね！」です。

オセロ

一般社団法人日本玩具協会では、目や耳の不自由な子どもたちも一緒に遊べるおもちゃ（共遊玩具）の普及を促進させる委員会を設け、目や耳の不自由な子どもも一緒に遊べるおもちゃのパッケージやカタログに、「盲導犬」や「うさぎ」のマークを、表示することを推奨しています。盲導犬マークがついたおもちゃの一つに「オセロゲーム」があります。

　オセロゲームは、石の表裏が黒と白、８×８のマス目の盤にその石を交互に置き、自分の色の石で相手の石を挟むと、自分の色に変えられ、最終的に盤上に64個の石が並べられた時、どちらの色の数が多いかで勝敗が決まります。その単純さと奥深さから現在、世界65か国以上に広がり、約６億人が楽しんでいると言われています。

　１９７３年、当時の株式会社ツクダ（現：株式会社メガハウスで販売）から製品化され、一般社団法人日本オセロ連盟も設立され、多くの人が楽しみ始めました。しかし、市販の「オセロ」は、石の黒と白が同じ手触りのため、目の見えない人には識別できませんでした。また、手で触って石を確かめようとすると、線で描かれたマス目では石がすぐに隣のマス目にいってしまいます。

　盲人用具を扱う日本点字図書館は、目の不自由な人からの要望を受け、同社に、盲人用のオセロの開発を

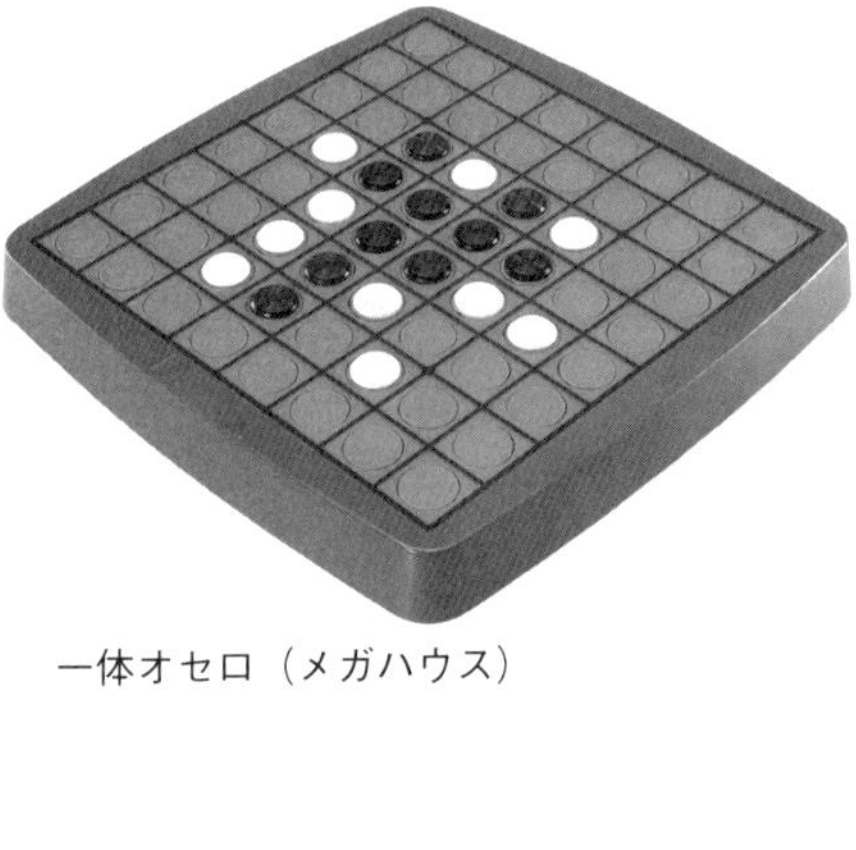

一体オセロ（メガハウス）

依頼。何度も協議を重ね、石の黒面には4重になった凸状の線を付けることになりました。更に盤の表面は、障子の「さん」のようなマス目にし、指で石を確認しても容易には隣のマス目に石がいかないように工夫されました。そして1977年、「盲人用オセロ」（現在はオセロUD）として、日点から他のオセロと同じ価格で販売されたのです。

更に、2005年、オセロは進化をとげました。オセロで遊びたい人の中には、石を指でつまめない人もいます。そこで考えたのが、石をつままず、石と盤を一体化し、指一つで石が黒・白・盤の色（緑）へと、回転するといった仕組みでした。しかも、盲人用オセロの工夫（黒・白を触覚で識別）も、そのまま採用されています。オセロはその誕生期から、裾野を広げながら進化しているゲームなのです。

次に紹介するモノは、どちらもポストに入ってくるものです。封筒と不在連絡票には、共通する「いいね！」があります。

不在連絡票

1991年から2年間かけ、日本点字図書館と共用品推進機構の前身、「市民団体E

&Cプロジェクト」で行った「目の不自由な人たちへの日常生活における不便さ調査」では、多くの不便さが明らかになりました。大別すると以下の2点です。
①凹凸のない文字や絵は、触っても何が書いてあるのかがわからない。
②一人で自由に目的の場所に行くことが困難。

①の中には、「自宅のポストに入ってくる郵便物等が、どこの誰から来たのか、そしてそれがどんな内容なのかがわからない」という不便さが多く挙がってきました。

この調査は報告書としてまとめられ、自治体、企業、福祉など数多くの機関に配布された結果、いくつかの機関から、不便さを解消した工夫が出始めたのです。

静岡県では県の封筒の左下に、県のマークである富士山を印刷していますが、触ってわかるようにその形に膨らみを付けたものが登場し、今も継続されています。更に、お金に関する書類が入っている封筒のベロの部分は波型にし、重要な手紙であることを、目の不自由な人にもわかるようにしています。

宅配便大手のヤマト運輸株式会社は、家の人が不在の際ポストに入れる「ご不在連絡票」が、目の不自由な人には、どこから来た何の書類かがわからないということで、不在連絡票の両側面に三角の切欠きをそれぞれ二つずつ付けました。これは会社のトレードマークである黒猫の耳を表しており、どこから来た連絡票であるか、わかってもらうためのものです。

同社は、この不在連絡票を始めた翌年、1月3日の新聞各社の朝刊に、切欠きの付いた不在連絡票の写真と共に、工夫の意味を紹介した全面広告を掲載することで、この工夫の周知を行いました。

目の不自由な人にとって、封筒の識別の次の不便さはその中に入っている手紙や書類を読むことです。手紙、書類が点字であれば、点字を読める目の不自由な人にとっては問題ありませんが、約30万人の国内の視覚障害者のうち、点字を読める人はそのうちの1割〜1割半と言われています。それは、高齢になってから目が不自由になった人が多いことも要因の一つです。では、点字を読むことが困難な人はどうしているのでしょうか？

多くの場合、目の見える家族や知人に読んでもらうことになりますが、周りにそのような人がいない場合は、ファクスで遠くの家族や友人にその書類を送り、その後電話し、送った文書を読み上げてもらっています。

最近では、書類に印刷されている2次元バーコード（QRコード）を携帯電話やスマートホンなどのカメラ機能を使って読み込み、そこに保存されている文書を音声で読み上げる機能を利用している人もいます。

さまざまな不便さは、その不便さを作り出している機関に届き、受け止められることによって、不便さの「不」が取れ、便利さに変わっていきます。次の課題は、それらの工夫がより広い範囲に伝わり連携しながら実行されることです。例えば、封筒を触って識別できる仕組みが、多くの自治体や企業に広がっていくことなどです。

次は、イタリアの盲人用具を販売している施設で見つけた「いいね！」です。

楕円《だえん》の傘

私がその「傘」と出会ったのは22年前、イタリアのミラノの「とある店」でした。その傘とは、日本の大きな傘の1・5倍ほどの大きさ。「圧巻」という言葉が似合う見事な傘でした。しかも、広げると均等に丸く大きいのではなく、横長に大きい楕円形、今まで見たことのない代物でした。そんな傘を見つけた「とある店」とは、普段多くの人には知られることなく、けれど、必要な人にとってはなくてはならない店だったのです。
傘以外には、白杖、触って時間がわかる腕時計、点字タイプライター等、目の不自由な人が、日常生活で必要なものを販売している店でした。でも、なんでこんな不思議に大きな傘があるのでしょうか。目の不自由な人が、雨の日、盲導犬と一緒に歩き、傘をさす時、どちらかに偏って傘をさすと、どちらかが濡れてしまいます。真ん中にすると、両方とも半分ずつ濡れてしまう、そんな不便さを解消するために、開発されたとのことでした。

この店は、ミラノにある独立行政法人日本貿易振興機構（ジェトロ）の人に紹介されて行ったのですが、私が買ってきたこの大きな傘を見て、その人は、「明日、その傘買いに行きます！」と、「！」を付けて宣言されていました。

理由を聞いてみると、「日本や他の国から来られるお客さまに、傘を差し出すと、自分が濡れるし、お

大きな楕円の傘

客さまが気を遣ってくださると、どちらも半分ずつ濡れてしまいます。こんなに大きな、しかも、横に長い傘は、まるでその時のために作られたようです」と、嬉しそうに話していました。ところで、「その二人並んでも濡れない傘」ですが、今は日本でも、日本点字図書館で購入することができます。ここで販売されている傘は、直径122センチ、しかも折りたたむことができる優れものです。誰かの不便さを解決すると、より多くの人の便利さにつながる例の一つです。

世の中の多くのモノは、両手を使って操作するようになっています。しかし、片手しか使うことができない場合、使えるモノがあるでしょうか？　次は、そんな時の「いいね！」です。

片手で使えるモノ

日常生活用品の多くの「モノ」は、両手で使うことを前提に作られています。しかし、「片手に荷物を持っている」、「片手を怪我した」、「障害によって片手が使えない」などの場合は、両手で操作することは困難であり、そのような状況の人は少なくありません。

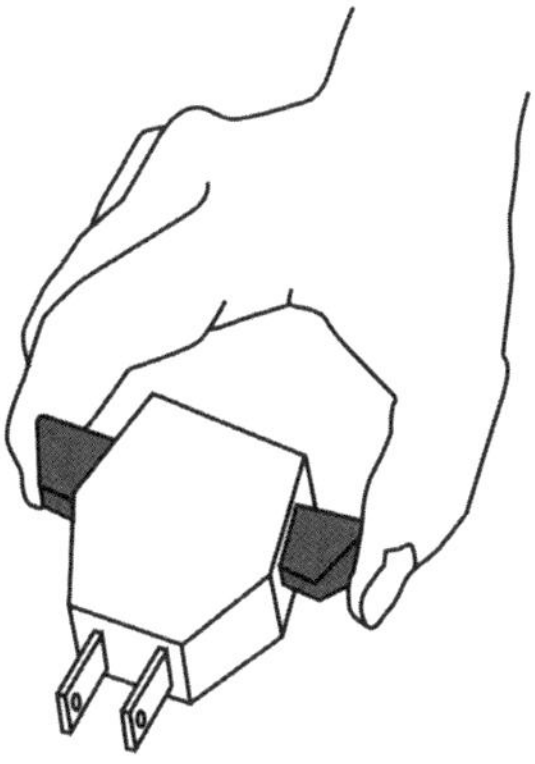
プラグ

掃除機、アイロンなどを使用する際は、その度、プラグをコンセントから抜き差しすることがよくあります。固定されていないコンセントからプラグを抜く時は、片手でコンセントを押さえ、もう片方の手でプラグを抜くことになり両手が必要です。

しかし、両側や片側にボタンがあるタイプのプラグは、ボタンを押すと内部から突起が出てコンセントが押され、片手でしかも弱い力で容易にコンセントから抜くことができます。

ボタンのある服の着脱も、両手を使用しなくてはならないものが多いため、ボタンを面ファスナーに替え、複雑な動作を簡単な動作に変えているものもあります。

また、ボタン着脱のための自助具は、取手の先が細くなった縦長の輪が付き、ボタンの穴を通し、ボタンを引っ張り込み、ボタンをはめることができます。少々コツが必要ですが、片手で着脱が可能になります。

一般に洋食は片手にナイフ、もう片方の手にフォークを持ち両手で食事をします。

「切る」、「刺す」と共に、二つの役目である「料理を挟む」、「すくう」を、片手で行えるモノが商品化されています。

トイレットペーパーホルダーも通常、片手でホルダー上部を押さえ、もう片方の手で紙を切り、両手を使用していると思います。紙を切る部分が他の製品よりも強めに押さえる構造になっているため、片手で切ることができます。片手でも使えることは、より多くの人、特に障害のある人には便利です。

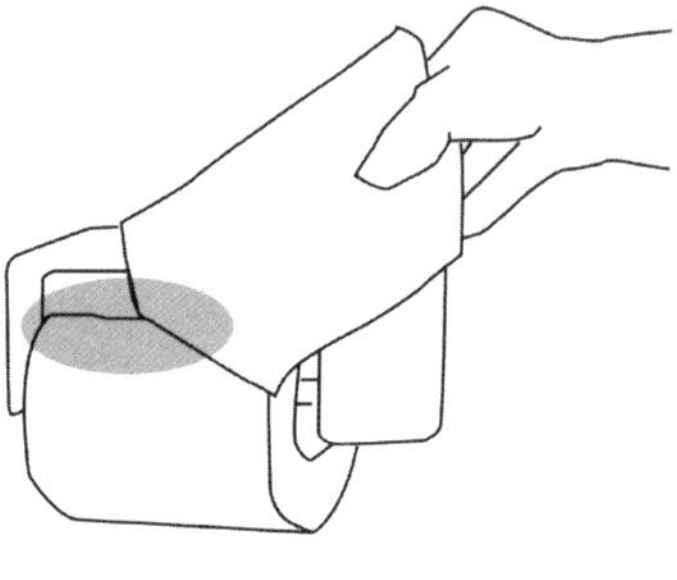
片手で切れるトイレットペーパーホルダー

次は既存製品では解決できない難問を解決した「いいね！」です。

ケアシューズ

ルームシューズ、旅行用スリッパなどを手掛ける徳武産業株式会社（香川県さぬき市）に、特別養護老人ホームの施設長から「高齢者が室内で転倒しにくい靴を作ってくれないか」という依頼が舞い込んだのが27年ほど前。同社が受け取った依頼は、はれ、むくみ、片マヒ、すり足などがある入所者たちからの要望によるもので、同社の既存製品では解決できない難問でした。

製品開発では、十河孝男《そごうたかお》社長（現会長）と十河ヒロコ副社長（現副会長）自らが高齢者施設を何度も訪問し、試作品を履いてもらっては意見を聞き修正することを2年間繰り返しました。その結果、「つま先が2センチほど地面からあがっている」、など転倒しにくい靴の条件が判明することに加え、左右の足の長さ・幅などが異なる人も多いことを知りました。その人々から、「両方のサイズを購入し、合わない方は破棄する」、「大きな方のサイズを購入し、つま先に綿を詰める」といった苦労を直接耳にしたのです。

困っている人を見過ごせない二人は外部の信頼するアドバイザーに、その解決のために左右サイズ違いでのシューズ販売を相談したところ、「サイズ違いで販売している会社は日本中どこにもない。そんなことをしたら会社が潰れる」と忠告を受けました。他の靴メーカーもそのニーズを把握していたのですが、手間とコストがかかりすぎ、業界にとって非常識なことだったのです。依頼から2年後の1995年5月、転倒を防ぐと共に、ファッション性を重視したケアシューズ「あゆみ」が販売されました。その際、同社は左右サイズ違いの靴を1足分の価格で、片足だけの靴を半額で販売することに踏み切ったのです。

販売から25年以上たった今、同社はケアシューズのトップ企業になっています。片靴販売は同業他社にも広がり、業界の非常識は常識に変わっています。

軟骨無形成症を、ご存じでしょうか？　本人、家族で構成される会では、小学校にあがる生徒がいる学校に、お願い事項を文書にして送っています。その文書と正面から向き合った結果が、蛇口の位置の「いいね！」です。

蛇口の位置

軟骨無形成症という病気は、骨のもととなる軟骨細胞が成熟する前に骨化してしまう病気です。手足の短縮を伴う低身長が特徴で、成人男性の平均身長が約１３０センチ、女性の平均は約１２４センチです。また、手を下ろした時、指先が太腿《ふともも》の付け根部分あたりまでしか届かないのも特徴の一つです。

指が短く手を広げた時に中指と薬指の間が広い、腰椎の湾曲が大きいため直立した時にお尻を突き出したような体型になるなども特徴で、出生の確率は、1万〜2万人に1人と言われており、日本には約6000人が生活していると推定されています。

軟骨無形成症や類似の病気の患者とその家族を中心とした「つくしの会」は、1982年9月、同じ病院に通う軟骨無形成症の子どもを持つ数人の親御さんたちが、病気について勉強し、さまざまな困難に力を合わせて対応したいという思いから発足した団体です。現在では北海道から沖縄まで18の支部ができ、500を超える家族が強い連携のもと、課題解決に向けて活動をしています。

障害者手帳を取得できないといった制度的な課題、成長ホルモン療法や骨延長の手術による低身長や手足の短縮への改善などの医学的課題に加え、日常生活における課題の確認と共に解決に向けた活動にも力を入れています。

同会が2014年度に、会員向けに行った調査では、日常生活での不便さが数多く明らかになりました。警察官や店の店員にタメ口で話しかけられたり、ジロジロ見られたり、子どもに追いかけられたり、バイトの面接に行ったら疾患のことで断られたりといった「軟骨無形成症」への知識と理解がないことからくる無形の差別と共に、有形の不便さも数多く挙がっています。

「券売機やATM等タッチパネルの画面が角度の関係で見えにくく、操作しづらい」、「電気、自動販売機等のスイッチに手が届かない」、「高い所だけでなく、棚の奥や洗濯機の底にある洗濯物が取りづらい」、「自転車のペダルに（足が）届かない」、「ラッシュ時、電車の手すりにつかまることができない」、「合うサイズの洋服がない」、「合うサイズの靴がない」など。

他にも「自分の足のサイズが20センチだが、売り場は通常22センチから」、「子ども用の靴だと幅が狭く、デザイン的にも幼い」、「郵便局の記帳台が高い」、「温水洗浄便座でなければ、排泄の後始末がしにくい」、「洗面所の蛇口に手が届かない」などが挙がりました。

つくしの会では、軟骨無形成症の子どもたちが入学する小学校が決まると、その学校に対して物理的にどんな不便さがあるかを伝えるなどの活動を行っています。更に、不便さだけでなく、今までに他の学校で実施されて有効だった工夫を添えて、お願いもしています。

写真は、軟骨無形成症の子どもが届くように、蛇口の位置を改良したものです。

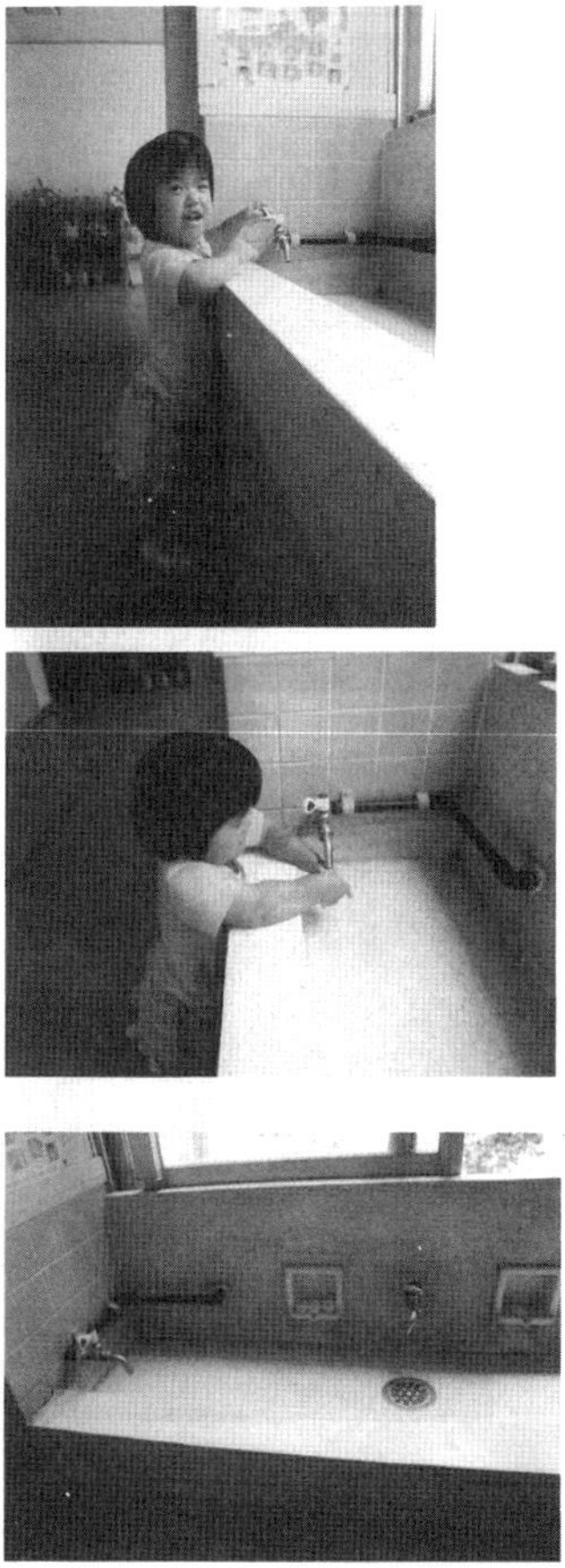

沖縄の学校で工夫された蛇口
1か所だけ手前に持ってきてもらいました。高さは問題なかったのでそのまま使えます。

利用できる高さは、障害の違い、個人の身体特性の違いによって異なります。異なるニーズ、両者とも納得できるやり方・考え方に関する「いいね！」を、紹介します。

2センチの段差とつり革の高さ

現在、歩道と横断歩道の手前の段差は2センチと、国土交通省関連のバリアフリーに関する法律に基づくガイドラインでは定められています。「バリアフリーは段差をなくすことでは？」との疑問を持つ方もいるかもしれません。確かに車椅子使用者にとっては、段差がなくスロープになっていれば横断歩道へもアクセスがしやすいです。

しかし、段差がないと、白杖を使い一人で移動している視覚障害者には、どこまでが歩道で、どこからが横断歩道かがわからず、間違って車道でもある横断歩道に入ってしまい命の危険にもつながってしまいます。

そのような状況で、車椅子使用者と視覚障害者が相手の状況を理解せず自分の主張をし続けると、日本全国、バラバラな状況のままとなってしまいます。

そうならないため、両者は議論と検証を重ね、2センチという結論を導き出したのです。2センチであれば、車椅子使用者も移動が可能であり、視覚障害者が白杖の先で段差を確認できる貴重な数値なのです。

他にも人によって求める高さが異なるものがあります。その一つが電車やバスのつり革の高さです。ひと昔前までは、同じ電車やバスであれば、すべて同じ高さにあったつり革ですが、背の高さが違う人たちのことを考慮して、同じ車両内に高い、低い、中くらいの高さのつり革が設置されるようになりました。

多くの場合、これで解決されていると思われますが、満員乗車に乗った時、背の低い人が、高い位置のつり革の前に行ってしまったら、以前の平均的な高さよりも更に届かない状況になってしまいます。

その人の背に合わせてつり革が伸縮し、自動的に高さを調整できるようにならない限り、解決しそうにもないと思っていましたが、車内を見渡してみると、「つかまるところ」は、つり革以外にもありました。

椅子や屋根を支えるために設置されたものが、「手すり」としてあり、電車やバスの揺れなどによる転倒を「つかむこと」で回避できるのです。

公共の施設では障害の有無、障害の種別、年齢の高低などにかかわらずさまざまな人が利用します。そのため、設備や機器、サービスなどは、誰もが利用できることが必要となります。「誰もが利用する

ため」の答えに詰まった時は、異なる視点から考えると答えが見つかることがありそうです。

次は、利用者の「不便」という声を受け止め、社内で連携を取りながら解決した事例の「いいね！」です。

補聴器と電池

リオン株式会社（東京都国分寺市）は、1948年に日本初の量産型補聴器を発売以降、「世界初」を数多く世に送り出している企業です。1996年発売の電池のセットが容易な「おまかせ回路搭載補聴器」もその一つです。きっかけは同社販売店に「電池を交換したのに聞こえない」と、補聴器を持参したお客さんと社員とのやりとりでした。応対した女性社員が修理室へ持っていくと電池はまだ新しく、正常に動作していました。電池の「＋」と「－」がさかさまに入っていたのです。

当時のボタン型電池は水銀電池で、「＋」面が銀色で「－」面が金色で区別がつきやすいものでした。しかし、水銀電池は公害問題で製造中止となり、代わりに主流となった空気電池は、両面共に銀色のため、「+」と「−」を間違える人が後を絶たなかったのです。何とか改善しなければとその社員は、社内の提案制度を利用し、電池の極性を色、手触りなどで識別する方法を提出しました。提出から半年後、彼女のもとに審査結果が届きました。電池業界に問い合わせたところ、金メッキや片面だけの光沢はコスト高、形状変更は寿命短縮との回答でした。

しかし、その1年後、同社の技術部長から「あなたの提案が製品化される」と連絡があったのです。技術部門が「電池側で無理なら」と、補聴器本体側でこれを解決する仕組みの実装を目指していたのです。それは、「ブリッジ回路」と呼ばれる技術で、既存の技術ではありましたが、電圧降下による性能への影響や大きさの問題があったのです。提案を受けて、その二つの課題も解決し実現していったのです。成功した技術は、1996年2月に発売された耳かけ型補聴器「HB−55S」に、補聴器では世界初となる電源無極性機能として搭載されました。この機能

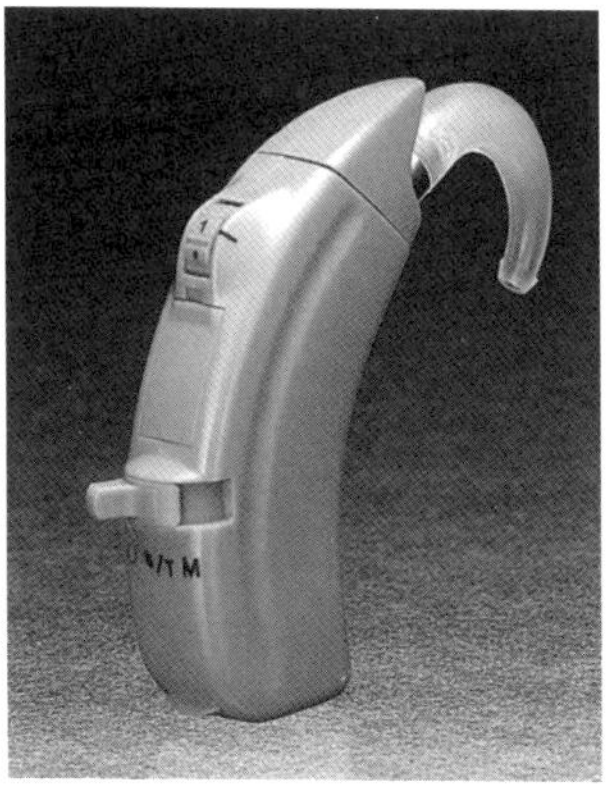

耳かけ型補聴器「HB-55S」
（リオネット補聴器より）

は、間違わない、迷わない、を総称して「おまかせ回路」と命名され、今ではリオン社のボタン電池使用の補聴器すべてに搭載されています。

次の「いいね！」は、聴覚に障害のある友だちのために、大学生が発案し作ったマスクです。

コロナ禍での必需品の一つはマスク、しかし口の形を読んで相手の話を理解する一助にしている聴覚に障害のある人にとっては、口の形が見えないマスクは、コミュニケーションを遮断してしまいます。

マスク

マスクは自分の飛沫を広げたり他者からの飛沫を吸い込んだりするのを防ぐ役割と共に、感染した自分の手を鼻や口に直接触れさせない役割があります。

2020年2月初旬に「本日、マスクの入荷はありません」と表示する店が現れ、その後、新型コロナウイルス感染症拡大と比例してその表示も拡大し、5月中旬まではその状態が続きました。初期段階では入荷する店も多少あり、そこには朝から長蛇の列ができ、ニュースでもたびたび報道されました。

そんな中、発想の転換をする人たちも現れ始めました。それは、布製の何度も洗って使えるタイプのものでした。布製であれば、手作りもできます。使い捨て文化に警告を発するように、布製マスクの型紙を掲載する雑誌やサイトが登場しました。

学校が休校となる中で、この状況を知り、家で500枚もマスクを手作りし、喫緊にマスクが必要な高齢者施設に寄付した小学生がマスメディアで紹介されました。

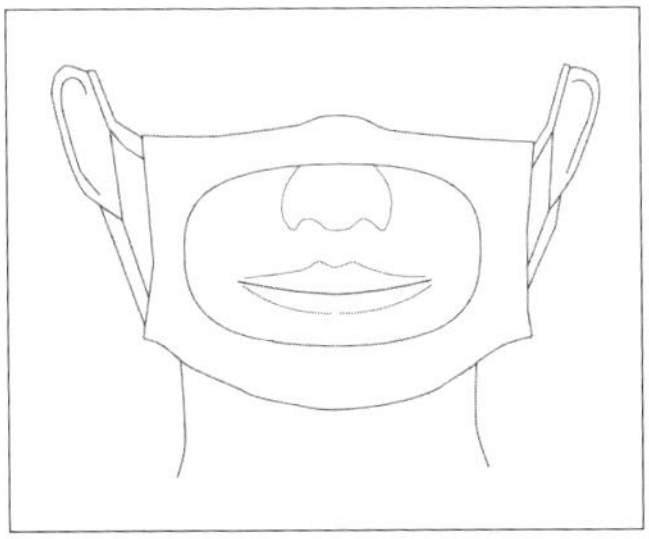

口の前が透明シートになっているマスク

また、報道番組で手話通訳の人たちがマスクをしないのは、手の動きと共に口の形も聴覚障害者にとっては重要な情報であるためと報じられましたが、マスクなしでは感染の危険が残ります。

そのような中、ウイルス感染が日本より拡大していたアメリカの学生の試みがネットで紹介されました。

手作りのマスクを作るまでは、日本の小学生の試みと同じですが、一つ違うのは布のマスクの中央を長方形に切り取り、そこに透明なシートを縫い込んであるのです。その報道のタイトルには、「耳の不自由な人のためのマスクを作る学生」とありました。緊急事態が宣言される中、多様な人々を守る貴重な工夫が生まれていたのです。

初めて容器の蓋《ふた》を開ける時には、大方、固い場合が多く、年を重ねると力が弱くなってくるので、開けづらい蓋が増えてきます。そんな人のために、考えているメーカーがあり、思わず「いいね！」と言いたくなる「蓋を開ける時の道具」が、開発されています。

軽い力で

瓶、缶詰、ワインボトルの多くには、軽い力では開けられない蓋が付いています。容易に開けられると便利ではありますが、輸送中に万一蓋が開き、異物が混入してしまうのを防ぐためと聞くと納得せざるを得ません。そんな背景で、蓋を開ける道具が昔から考えられ、それぞれ栓抜き、缶切り、ワインオープナーの名称で存在しています。

しかし今は昔と違い超高齢社会、昔からの道具では蓋を開けられない人たちが、少数派から多数派になってきたのです。そのため、それぞれの道具は、より軽い力で開けられる技術が進化しているのです。その一つが、ペットボトルを開ける道具です。

　ペットボトルが登場したのは、１９６０年代の後半、アメリカで炭酸飲料水用として開発され、日本では１９８２年から採用されました。ペットボトルの登場時期は、高齢社会が始まる時期と重なり、飲料メーカーでは、蓋の開封の研究が始まりました。

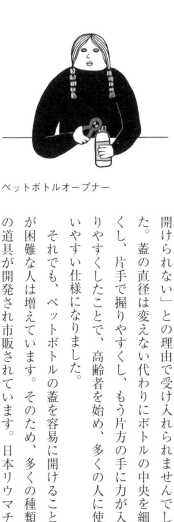

　蓋を大きくし、高齢者でも開けやすくする大手メーカーの試作品は、多くの高齢者の賛同を得ましたが、手が不自由で歯で蓋を開ける人からは、「蓋を大きくされると口で開けられない」との理由で受け入れられませんでした。蓋の直径は変えない代わりにボトルの中央を細くし、片手で握りやすくし、もう片方の手に力が入りやすくしたことで、高齢者を始め、多くの人に使いやすい仕様になりました。

ペットボトルオープナー

　それでも、ペットボトルの蓋を容易に開けることが困難な人は増えています。そのため、多くの種類の道具が開発され市販されています。日本リウマチ友の会が発行している『生活便利帳』では、缶のプルタブも同じ道具で開けられるものが好評です。100円ショップにも、蓋開け道具は、数多くの種類が並んでいます。

技術の進歩は、不可能から可能へ、不便から便利へと進むと共に、人が行っていた仕事を機械が担う場合が多くあります。エレベーターが登場した当時、百貨店などでは、扉の開閉や行き先のボタンを押すことは係の人が行っていました。その後、操作ボタンの位置が低くなり、ボタンには点字や浮き出し数字が付き、車椅子使用者や視覚障害者も一人で操作できるようになりました。

望むことは、研究し技術を追求したモノが、誰一人取り残さないで使えることを目指していてくれることです。次は、その一例の「いいね！」です。

セルフレジ

セルフレジの元祖とも言える自動販売機にも、高齢者や障害者への配慮がある機種があります。屋内用の飲料系自動販売機の中に、ボタンの位置が低かったり、取出口はしゃがまなくても取れる高さのものがあったりします。更に硬貨の投入口は、細い縦長の穴に1枚ずつ入れるタイプではなく、受け皿の形状になり、硬貨を一度に複数入れることができます。

最近増えてきたスーパーマーケットのセルフレジは、主に商品のバーコードを機器に読み込ませるところから支払いまですべて一人で行うタイプと、支払いのみ機器が対応するタイプの2種類で、機械操作が困難な人には係の人がフォローしてくれます。

多くのコンビニでは、レジでの支払いを店員さんが行うのではなく、機器で行うタイプが導入されています。機器に表示される金額を財布から取り出し、指定の投入口に入れる作業は手間がかかり、後ろに人が並ぶと余計焦ってしまってお金がうまく入れられなかったり、取り出せなかったりする場面を見かけたりします。

そんな様子を見ていた店員さんが「数えずに複数の硬貨を入れていただければ、機械が計算します」とアドバイス。持っている小銭を全部入れると、多すぎた小銭はきちんと戻ってきました。

次は共生社会を目指し、工夫が行われた「いいね！」の一例です。

ミニチュアのおもちゃ

社会では、障害の有無、年齢の高低にかかわらず共に暮らす共生社会を目指し、製品や設備機器に対してさまざまな工夫が行われています。その工夫の一部は、小学校の教科書に掲載されていることもあり、小学生が知る機会は増えています。工夫を知ることにより、障害のある人たちが日常生活でどんな不便さがあるかを想像し、考えることにも発展します。

最近、そのことを知ることのできるおもちゃが現れ始めています。電車のおもちゃ、プラレール（タカラトミー）の原型は、昭和34（１９５９）年に発売されました。曲線のレールを8本つなげると、当時多くの家庭にあった「ちゃぶ台」に収まる大きさで、それは今も変わっていないため、今でも当時のレールとつなぎ合わせて遊ぶことができます。その後、駅、踏切、鉄橋、立体交差、トンネル、橋などが部品として加わり、遊びの世界を広げています。

1981年、国連が指定した「国際障害者年」では、障害のある人たちの社会への「完全参加と平等」が提唱され、日本では2000年に「高齢者、身体障害者等の公共交通機関を利用した移動の円滑化の促進に関する法律（交通バリアフリー法）」が制定され、駅や交通機関にエレベーター、エスカレーターが設置され、車椅子使用者だけでなく、ベビーカーや大きな荷物を持って移動する人たちが、多くの支援なしに利用できるようになってきました。

プラレール　点字ブロック　ホームドア
ⓒTOMY

そんな社会の状況が、プラレールのシリーズではしっかり反映されています。「プラキッズ駅」ではホームに黄色いシールや塗装による「点字ブロック」が付き、遊びながら視覚に障害のある人のことを「知る」きっかけになっているのです。

また「ホームドアステーション」のホームにホームドアが付き、開閉する仕組みとなっているため、ホームドアが何のために設置されているのかを考えるきっかけになります。視覚に障害のある人が身近にいない子どもでも、点字ブロックや、ホームドアの存在を玩具から知り、これは何だと疑問に思い、考えるきっかけにもなりそうです。

　１９６７年に販売が始まった人形玩具の「リカちゃん」は、多くの人に知られ遊ばれ続けている玩具の一つです。人形を場面に合わせて遊べるように店や家などの周辺品も充実しています。

リカちゃんセットの中にあるギザギザつきのシャンプー　ⒸTOMY

　２０１９年に発売されたリカちゃんの家、「チャイムでピンポーン♪かぞくでゆったりさん」にはリビング、キッチン、寝室などに加え、バスルームもあります。更にベッド、家具、家電製品や洋服も揃っています。

　お風呂場にはシャンプー、リンス容器もあるのですが、何とこのシャンプー容器の側面には、触ってリンス容器と識別するための「ギザギザ」が付いているのです。

最後に紹介するのは、「いいね！」の伝わり方で創り出すモノが変化していく事例です。

いいね！の伝わり方

大和リース株式会社会長の森《もり》田《た》俊《しゅん》作《さく》さんの朝は、４時30分に起きるとすぐに、朝刊数紙に目を通すところから始まります。新聞の次は、書籍、雑誌と、知っていた情報の上書き、新たな情報の入手と、次から次へと頭の中に吸収されていきます。「情報は知識となり、知識がないと知恵が生まれない」は、彼が長年、仕事でリーダーを務めてきて実感していることです。

そんな森田さんが、共用品推進機構の富《とみ》山《やま》幹《かん》太《た》郎《ろう》理事長と出会い、障害の有無、年齢の高低にかかわらず、共に使える共用品・共用サービスを知ったのは、２０１８年のことでした。

これは大和リースが手掛けてきた商業施設、公民館、美術館、学校、公園を始めとする公的施設に創意工夫して応用すると、多くの人を心底愉快にさせることができると確信し、社内でことあるごとに伝えていったのです。

そのメッセージを真正面から受け取った一人が、全国の設計者５００名のリーダーを務める山本圭一《やまもとけいいち》さんでした。その時のことを次のように話しています。「私は色弱です。今まで色弱であることを自身の弱みであるととらえていました。私が共用品に興味を持ったきっかけは、そんな弱みが強みであると考えが変わったことです。他人が見えるのに自分が見えないものがあるのではなく、見えないからこそ自分だけに見えるものがあることが自分の強みです。

さかのぼること約10年前、設計部に聴覚障害者が３名おり、その一人小川廉《おがわれん》さん自ら、話した言葉がスマホやタブレットに表示されるＵＤトークを導入してほしいと上司を通じて要望してきたので即断し導入しました。導入に即決できたのは森田会長がそれを反対するわけがないと確信していたからです。

導入後に、聴覚に障害のある社員とその上司を本社に集めてＵＤトークの説明会を行いました。説明会後、ＵＤトークを使った懇親会を開催した時、『みんなと一緒に同じタイミングで笑えたことが嬉しい』という小川さんの言葉が、私の胸に刺さり、とても嬉しくなったことを今でも覚えています」。

長谷川和美《はせがわかずみ》さんは、視覚に障害のある同社の社員です。長谷川さんは森田会長と共用品談議に花を咲かせたことをきっかけに、東京2020オリンピック・パラリンピック競技大会の施設整備に関するプロジェクトにも加わり、有明に建設された同社の次世代型現場事務所の設備機器に関し、多くの意見を出す機会がありました。

同プロジェクトの責任者であった犬飼《いぬかい》正樹《まさき》さんは、一つ一つ丁寧に聞きながら、技術的に困難な箇所も「誰もが心底愉快になるため」という目標を達成するために、努力を

試作の表示を確認する長谷川さん

壁の色で識別容易な機器

おしみませんでした。

その結果できあがった各種「表示」、トイレ、階段、扉などの「設備機器」は、視覚障害、色弱の人たちも含め、多くの人の使いやすさにつながり、同社のスタンダードになっているのです。

第3章

原点は、「不便さ調査」

第1章では、主に人と人とのコミュニケーションでの「こと」に関する「いいね!」を、第2章では、主に「モノ」に関する「いいね!」を、それぞれ実際にあったエピソードを交えて紹介しました。

それらの「いいね!」のもとになっているのは、さまざまな障害のある人たちが普段、日常生活で抱えている不便さです。「いいね!」のエピソードと同様に、不便な「こと」や「モノ」は、さまざまな企業が利用できる仕組みにはなっていませんでした。では、どのような経緯で、多くの人が障害のある人たちの不便さや良かったことを知るようになったのでしょうか。第3章ではその経緯や成果について紹介します。

「不便さ調査」の始まり

1981年に国連が提唱した国際障害者年のテーマである「完全参加と平等」は、行政機関だけでなく民間企業においても、障害の有無にかかわらず共に使えるモノ「共用品」を考えるきっかけになりました。また、今まで障害のある人専用の福祉用具であると思っていたものの中にも「共用品」があることに気付いたのもこの頃です。

日本点字図書館や日本視覚障害者団体連合では、点字付きのトランプが販売されています。このトランプには、点字の他に数字とスート（♠♥♦♣）が印刷されているので、目の見える人も一緒に遊べる、まさに「共用品」というわけです。

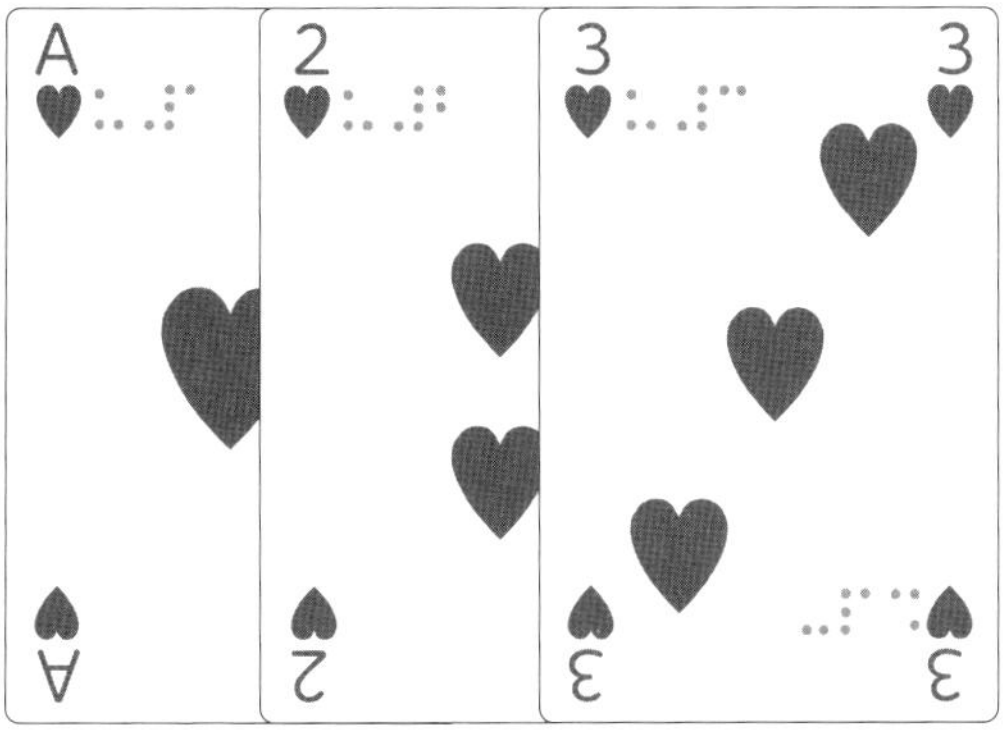
点字付きのトランプ

家電、文具、自動販売機、包装容器、玩具など、さまざまな分野で個々の企業が、共用品に関しての研究を独自で始めたのは、1983年あたりからですが、その時に各企業がぶつかる壁がいくつかありました。

その一つは、「自分の会社で作っている製品やサービスを、障害のある人たちは不便を感じているのかいないのか、どこに行って誰にそれを聞けばいいいかがわからない」ということでした。ある会社は、会社近くにある盲学校や障害者施設に出向き、話を聞いたりしましたが、一つの障害では3～5名の人たちに話を聞くのが精いっぱいという状況でした。

中には、当事者の話を聞かず「こんなところが不便だろう」といった想像で商品やサービスを開発する会社もありました。そうなると、ニーズにあったものができる可能性は低く、商品化されても売れない。その結果、その会社は、共用品・共用サービスの分野から撤退という状況になってしまいました。

個々の会社ではなかなかうまくいかないことがだんだんわかり始め、それらの企業が業界を横断して勉強会を始めたのが１９９１年のことです。楽しく創造していけたらとの願いを込めて「Ｅ＆Ｃプロジェクト（Enjoyment and Creation Project）」とその勉強会を名付け、月1度の検討会が始まりました。このプロジェクトの大きな特徴の一つとして、作る側だけでなく、使う側、つまり何らかの障害のある人たちも参加し、お互いが向き合うのではなく、共用品・共用サービスの開発・普及という共通の目標に一緒に向かっていくということが挙げられます。

視覚障害のある人への不便さ調査

当時、独立行政法人国立特殊教育総合研究所（現：独立行政法人国立特別支援教育総合研究所）に勤務されていた木塚泰弘《きづかやすひろ》さんもこのプロジェクトに初期の頃から参加していたメンバーの一人です。月1度の勉強会で、全盲の木塚さんの一日の流れを皆で聞くという機会を設けました。

歯磨きは、「蓋がどこかにいかないように、片方の手で必ず歯磨きチューブの蓋を持ちながらもう一方の手で歯磨きをする」、朝食では、「オレンジのジャムの瓶に苺のジャムの瓶と区別するために、輪ゴムをまく」など、聞いているメンバーは、一つ一つが「へ〜！」の連続でした。木塚さんの話をきっかけに、E＆Cプロジェクトでは、視覚障害のある人300人に対してアンケート調査を行うことを目標にたてました。

ただ、いきなり300人に対してどのようなことを聞けば良いかがわからないため、メンバーが二人一組になり、視覚障害のある人のいる家庭を訪問し、日常生活で不便に感じるモノやこと、便利なモノやこと、そして今は世の中にはないけれど、あったらいいと思うモノやことを聞いてまわりました。

洗濯機のスイッチ

目の不自由な人の家庭訪問で特に印象に残っているのが、洗濯機のスイッチです。ある家電メーカーに勤めるE＆Cプロジェクトのメンバーが全盲の女性の家に家庭訪問に行った際、彼が企画した洗濯機がありました。嬉しくなって「これ、私が考えた洗濯機です」と話したところ、しばしの沈黙の後、その女性から、「今度買ったこの洗濯機、スイッチが平らになってしまい、どこを押していいかわからないんです」という申し訳なさそうな答えが返ってきたのです。

以前の洗濯機は、ボタンを押すとそこが凹み、何が作動しているかが触ってもわかったのですが、技術の進歩によって平らなスイッチ（シートスイッチ）になってしまったことで、目の不自由な人の操作が困難になってしまったのです。

彼は、次の勉強会の時、他のメンバーに、「目から鱗が落ちました」と話してくれました。その後、その課題は彼の会社で検討され、スイッチのＯＮ側には小さな凸点を付け、その他のスイッチには点字表示を行うことを決めました。そのルールは一般財団法人家電製品協会の業界基準となり、次に日本産業規格（ＪＩＳ）となり、２０１０年には何と、日本からの提案で国際規格（ＩＳ）にもなりました。

定量調査

プレ調査の位置づけの家庭訪問調査では、数多くの不便さが抽出されました。その結果をもとに、アンケート調査票を作成し、多くの機関に協力していただき、調査票を配布したところ、更に多くの不便さが明らかになりました。

それを報告書にまとめ、メンバー企業だけでなく多くの企業、行政などに読んでいただきました。

不便さもいくつかに集約する作業も行いました。

その中に、「表示が触ってわからないので音声で表示してほしい」というものがありました。この調査の成果の影響だけではありませんが、今まで音声表示がなかった製品にも、音声表示が付くようにもなりました。この調査はその後、対象を聴覚障害、車椅子使用者、弱視者、妊産婦、高齢者等に広げ、行っています。

次に、聴覚に障害のある人たちに行った不便さ調査を紹介します。

聴覚障害のある人への不便さ調査

音や音声は、日常生活や非日常生活を安心・安全で快適に送るために、重要な情報を伝える手段であり、コミュニケーションにも欠かせない要素です。しかし、社会には加齢や障害によって、その重要な音や音声が聞こえない、聞こえにくい人がいます。誰もが暮らしやすい社会にしていくためには、製品・サービス・環境を提供する側が、音や音声が聞こえない、聞こえにくい人はどんな不便さを抱えているかをまずは把握することが必要でした。

共用品推進機構が、1995年に行った「耳の不自由な人たちが感じている朝起きてから夜寝るまでの不便さ調査」には、20代から80代までの男女228名の聴覚障害者が多くの不便さを寄せています。

調査は、聞こえない「ろう」の人180名と、聞こえにくい「難聴」の人48名から、家の中（起床・料理・掃除・洗濯・トイレ・来訪者・テレビ等）、交通機関（自転車・電車・バス・タクシー・飛行機等）、買い物（店員とのコミュニケーション・店の設備や表示等）、飲食店、病院、銀行・郵便局、役所、宿泊施設、警察署、遊園地、緊急時などに関し、

①困っていること

②困りごとへの対処方法

③今後メーカー等に希望すること

の三つの質問をそれぞれの分野ごとに尋ねました。

まず、「家の中」についてです。①の「朝起きる時に困ることは？」の質問には、「目

覚ましの音が聞こえない」、「朝日で目が覚めるようにカーテンを開けて寝ているが、冬は明るくなるのが遅い」、「寝ている時に補聴器がとれてしまう」などが挙がりました。

②の「朝起きる時にはどうしますか?」の質問には、「自然に目が覚める」が一番多く、次に「家族に起こしてもらっている」、「特別な目覚ましを使っている」（筆者注：振動式と思われる）、「電気マッサージ機にタイマーを付けている」、「扇風機を起きる時間にまわるようにセットしている」、「カーテン、雨戸を開けておく」などが挙がっていました。

③の「希望すること（モノ）は?」には、「振動式の目覚まし時計」と「振動式腕時計」に多くの人が希望を持っていました。続いて、「合わせた時刻に、部屋が明るくなる照明器具」が挙がっています。音に頼らず起きるためには「振動」、「光」を利用しているると共に、希望していることもわかりました。

家の外では、「後ろから来る自転車・バイク・車の音、後ろからの呼びかけがわからない」、「駅でアナウンスが聞こえない」、「タクシーの運転手が前を見ながら何か話しかけているけれど、何を言っているのかがわからない」、「講演会に行っても、講演者の話がわからない」などが挙がっていました。

☑ 病院での不便さ

病院の受付で一番多く挙がった不便さは「名前を呼ばれてもわからない」でした。

その不便さに関しては、「自分は聞こえないので呼ばれてもわからないので、順番になったら合図や手招きをしてほしい等メモを事前に受付の人に渡しておく」、「受付の前に立って待つ」、「近くの人に呼ばれたら知らせてもらう」などがありました。

更に希望することとして、「電光掲示板など目でわかるように表示してほしい」、「呼びに来てほしい」など、機器への希望と、人的応対への希望が挙がっていました。

その後、調査報告書は多くの企業の手に渡り、不便さを解決した製品が開発されたのです。

一例を挙げると、「待合室で、受付から呼ばれたかどうかがわからない」という不便さには、順番になると受付の人がボタンを押して、聴覚障害者が持っている機器を振動させて知らせるなどです。

大きな病院や銀行では、順番を患者、利用者に伝える際、数字の書いてあるカードを渡したり、順番が電光掲示板に表示されるシステムを導入したりしている施設も増え、聴覚障害者の利便性に大きく貢献しています。

病院や銀行を含め、コミュニケーションが必要な場合において、「筆談」は、聴覚障害者にとって「手話」と並んで、重要なコミュニケーション手段になっています。20年ほど前のことですが、字や絵を何度でも書いて消すことができるお絵かきボード「せんせい」を開発した玩具メーカーに、ある病院の看護師から依頼の手紙が届きました。

そこには、病気で声が出なくなった高齢の患者さんと会話をするために、「せんせい」を病院で購入し、患者さんと筆談で身体の調子などを聞いたり、世間話をそれで行うことができるようになったとありました。手紙は更に続き、「このおもちゃは、とても便利なのですが、大きさがA3サイズほどあり、持ち運ぶには少し大きすぎます。また、子ども向けにできているので、色が真っ赤で、大人同士が使うには少し抵抗があります」という内容でした。

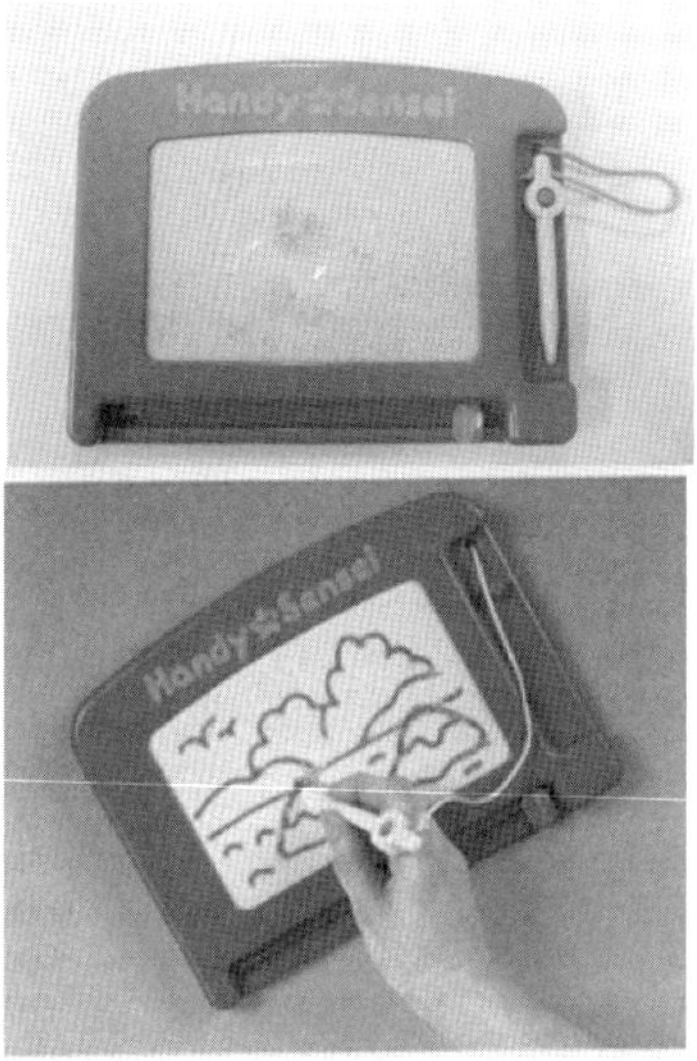

©タカラトミー

メーカーの担当者は、更に聞き込みを行い、他の病院でも同じような要望があることを知りました。そして携帯することができ、大人でも違和感のない色にして、要望に合った大人向けの「せんせい」を開発し、発売したのです。

その後、その発想は、数社が追従し、病院だけでなく、銀行、空港のカウンター、百貨店、駅の有人改札口、ホテルなど、接客を行う公共的な窓口でも数多く設置されるまでになっています。

☑ 必要としている音情報

聴覚障害者への調査は、山のように出てきた視覚障害者への不便さ調査に比べると、若干少なめでした。その理由を複数の聴覚障害者に聞いて確認したところ、「自分たちは、音や音声が聞こえないので、何が便利で何が不便であるかがよくわかっていないからではないか」と話してくれたのです。

正確な状況を知るためには、調査方法自体も画一的なものではなく、それぞれの状況に合わせて適宜柔軟に変える必要があることを学びました。

前述のコメントを受け、関係者で検討を重ねました。その結果を踏まえて、聴覚障害者の不便さを知るためには、突然、不便さを聞くのではなく、まずは「世の中にはどんな音や音声があるか」を、家の中、街、駅、電車、飲食店、店舗、病院、職場の8場面に分けてイラストで示すことにしました。そしてそれぞれの場面でどんな音や音声が出ているかをマンガの吹き出しのように示し、「この吹き出しにある音の中で知らなかったのは？」や「この中の音や音声で、光や振動または字や図などで見ることができる表示になっていると良いものは？」ということを尋ねる方法で再度調査を行いました。

その結果、実に多くの聴覚障害者のニーズや不便さが明らかになったのです。

次ページのイラストは、家の中のモノから出ている音を吹き出しで表現したイラストです。

このイラストの中では、冷蔵庫が開けっ放しになっている時に鳴る「ピッピピッピッ」や、クーラーの風「ザー」などの音が出ていることを知らないと答えた人が多くいました。また、インターホンの「ピーンポーン」や、来訪者（宅配便など）が呼ぶ声、換気扇が空気を吸う「ゴー」など、見てわかるようになると良いとの希望が多くありました。

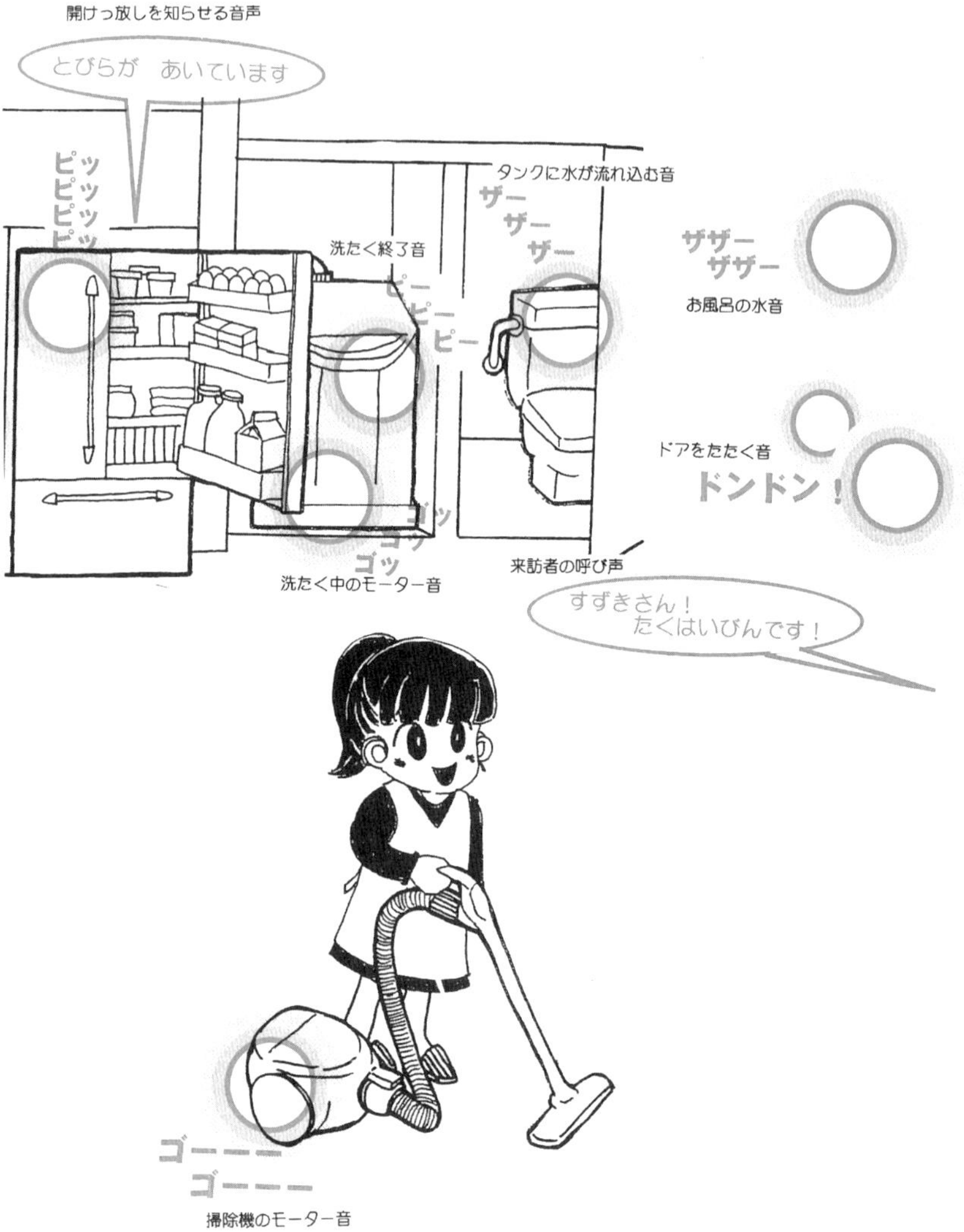

家の中にはたくさんの音がある
参考：「聴覚障害者が必要としている音情報」(2001)

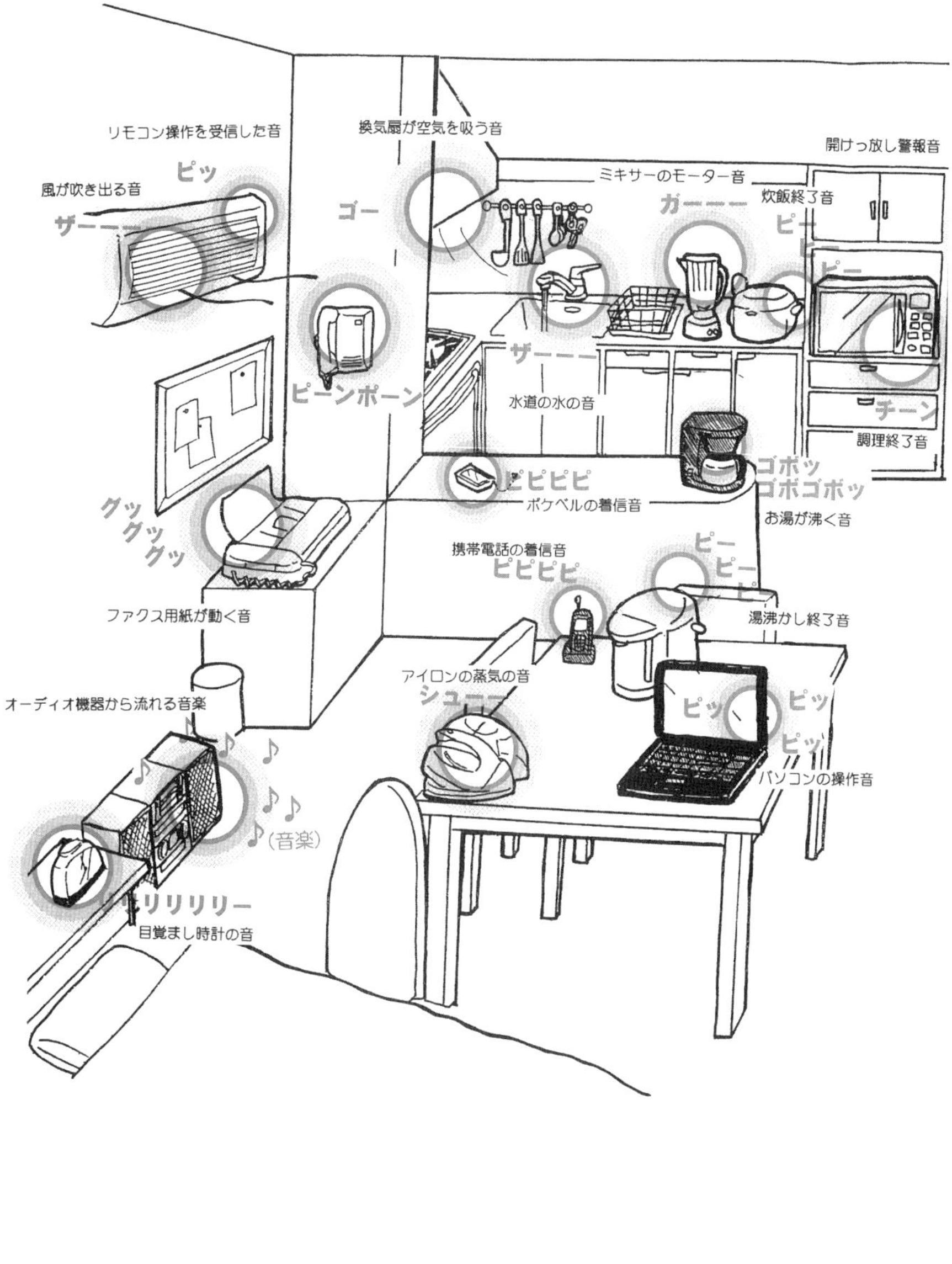
リモコン操作を受信した音
ピッ
風が吹き出る音
ザーーー
換気扇が空気を吸う音
ゴー
開けっ放し警報音
ミキサーのモーター音
ガーーー
炊飯終了音
ピー ピー ピー
ピーンポーン
ザーーー
水道の水の音
チーン
調理終了音
グッ グッ グッ
ピピピピ
ポケベルの着信音
ゴボッ ゴボゴボッ
お湯が沸く音
携帯電話の着信音
ピピピピ
ピー ピー ピー
湯沸かし終了音
ファクス用紙が動く音
アイロンの蒸気の音
シューー
オーディオ機器から流れる音楽
ピッ ピッ ピッ
パソコンの操作音
♪(音楽)
リリリリリー
目覚まし時計の音

☑「不便さ調査」のイラスト化

障害のある人たちの不便さは、イラストで示すと理解しやすくなることがあります。ここでは、視覚障害のある人と聴覚障害のある人の不便さを一部紹介します。

視覚障害のある人の不便さ①

どのカードを使えばいいかわからない。

置いた場所からモノが移動しているとわからない。
ない！ない！

視覚障害のある人の不便さ②

文字などで書かれた表示だけだと中身がわからない。

点字ブロックの上に自転車などが置いてあるとぶつかってしまう。

視覚障害のある人の不便さ③

何の郵便物か、連絡票か
わからない。

席が空いているのかどうか
わからない。

聴覚障害のある人の不便さ①

電車が遅れている放送が聞こえない。

後ろから自転車のベルを鳴らされても聞こえない。

聴覚障害のある人の不便さ②

説明してくれても話していることが聞こえない。

お湯が沸いたり、玄関のチャイムが鳴っても気付かない。

聴覚障害のある人の不便さ③

講演会などで、話している内容がわからない。

窓口から名前を呼ばれても気が付かない。

☑車椅子使用者への不便さ調査

1998年に、公益社団法人全国脊髄損傷者連合会の会員317名に行ったアンケートをまとめた『車いす使用者の日常生活の不便さに関する調査』の表紙を開くと「自分だけで行うことをあきらめている動作」というタイトルの下に51項目の回答が棒グラフ(次ページでは上位26項目をグラフにしている)で示されています。

「階段を上る、下りる」をあきらめている人が66・9%、「歩道橋を渡る」が65・9%、「バスに乗り降りする」が55・2%、この3項目に半数を超える人が「あきらめている」と回答しています。

機器に関係する項目では、券売機で「切符を買う」、「銀行のCD機を利用する」、「公衆電話をかける」、「自動販売機で飲み物を買う」などがあり、続いて店の「たなから品物をとる」、公共の「トイレで用を足す」、レストランやファストフード店などで「支払いをする」にも多くの人が「あきらめている」と回答しています。

あきらめている51の項目を見ていくと、場面や機器の種類は異なっていても共通する点があることがわかります。つまり、肢体不自由の中で車椅子使用者が、共通に抱えている「あきらめている要素」です。次にその共通要素に関して紹介していきます。

自分だけで行うことをあきらめている動作（割合が高い順26項目）（%）

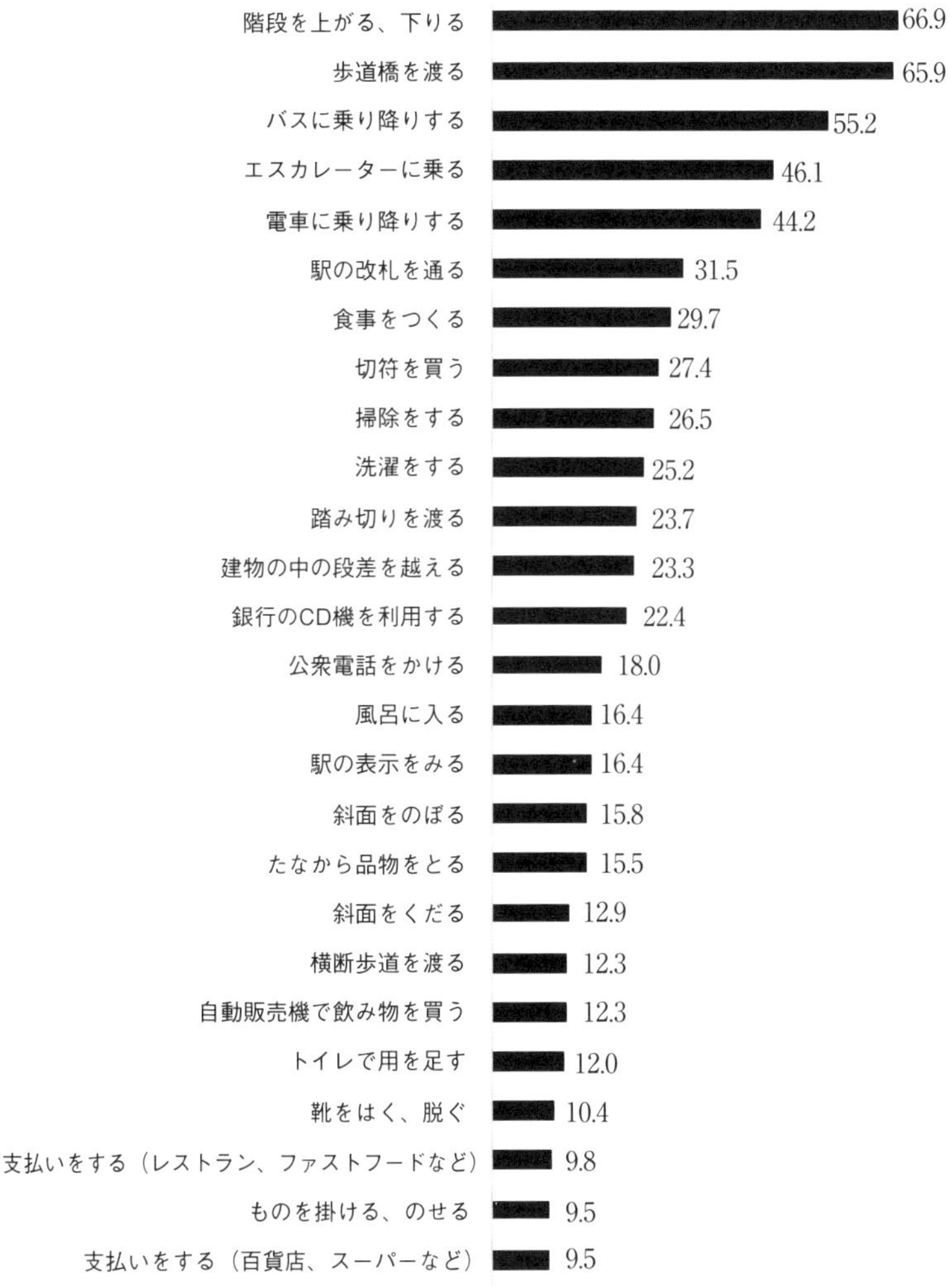
階段を上がる、下りる 66.9
歩道橋を渡る 65.9
バスに乗り降りする 55.2
エスカレーターに乗る 46.1
電車に乗り降りする 44.2
駅の改札を通る 31.5
食事をつくる 29.7
切符を買う 27.4
掃除をする 26.5
洗濯をする 25.2
踏み切りを渡る 23.7
建物の中の段差を越える 23.3
銀行のCD機を利用する 22.4
公衆電話をかける 18.0
風呂に入る 16.4
駅の表示をみる 16.4
斜面をのぼる 15.8
たなから品物をとる 15.5
斜面をくだる 12.9
横断歩道を渡る 12.3
自動販売機で飲み物を買う 12.3
トイレで用を足す 12.0
靴をはく、脱ぐ 10.4
支払いをする（レストラン、ファストフードなど） 9.8
ものを掛ける、のせる 9.5
支払いをする（百貨店、スーパーなど） 9.5

☑段差（施設）

一人で行うことをあきらめていることの上位に挙がっているのは、車椅子使用者自身が、上下移動をする場面です。つまり、駅、建物、施設における階段や段差、バス、電車、タクシーなどの乗降時における階段や段差でした。

約25年前、当時は、公共交通機関であれば、人的応対が駅員によって行われていました。そのため、駅の階段を駅員が4人がかりで車椅子ごと抱え、昇り降りする情景が見られました。

ただしこの人的応対は、車椅子使用者にとっても駅側にとっても、最適な方法ではありませんでした。車椅子使用者にとっては、「事前の申し込みが必要なため、急な用事には対応してもらえない」、「通勤ラッシュ時などにも対応が難しい」、「4人に抱えられて階段の昇降をしているとじろじろ見られる」などが、最適な方法ではない理由でした。やがてその声は、提供者側や行政に届き始めました。

その結果、設備機器の検討、導入へと移っていったのです。更に、交通バリアフリー法などの制定により、乗降客が多い駅では設備機器の導入は義務となっていきました。

最初に人的応対に代わって登場した機器は、階段の横に車椅子使用者を乗せて昇降させる「エスカル」という階段昇降機でした。4人必要だった駅員は一人の対応ですむようになりましたが、「他人からじろじろ見られる」は解決しないことと、準備の時間を入れると人的応対と変わりない時間がかかってしまいます。

次に登場してきたのがエスカレーターの車椅子対応です。通常のエスカレーターをいったん止め、平らな一つのステップを三つにし、車椅子使用者が斜めにならずに乗れるようにしたものです。確かに車椅子使用者が昇降することはできるのですが、一時的にエスカレーターを止めることにより、他の利用者がその時間、利用できなくなることや、準備に時間がかかることもあり、利用されるケースは多くありませんでした。

そして現在、駅や施設で車椅子使用者の昇降に一番利用されているのが、エレベーターです。公共施設にエレベーターが登場した1929年には、昇降や扉の開閉操作を専用の係の人がドア脇に立って行っていました。更に、乗客に行き先階を聞き、目的階に着いたらそれを伝え、止まるたびに「上階行き」か「下階行き」かをアナウンスするという昔の行き先を告げるバスの車掌のような役割も担っていました。しかもそれらには手振りや身振りも用いられていたため、目や耳の不自由な人、車椅子使用者への的確な誘導となっていたのです。

その後バリアフリーの法整備も進み、エレベーターは更に多くの場所に設置されるようになりましたが、操作してくれる係の人がすべてのエレベーターに乗り込むことはできません。しかし、操作が困難な人が一人で乗り込むこともあるわけです。その課題の解決に向けた検討が行われ、公共施設などに設置されているエレベーターの多くは、障害のある人が、一人で乗っても操作できる工夫がされるようになっていきました。

操作ボタンが車椅子使用者に届く高さにあり、また、そのボタンで操作すると、扉の開閉時間が長めになるよう設定されていったのです。従来の行き先階ボタンの左横には点字表示が配置され、到着階等が音声でアナウンスされるなど、目の不自由な人の利便性につながっていきました。この点字表示は日本産業規格JIS T 0921（アクセシブルデザイン—標識、設備及び機器への点字の適用方法）で、点字の大きさ、貼付位置などが示されています。

更に、定員オーバー時に鳴るブザー音が音だけでなく光など視覚的な表示も備えた機種もあり、耳の不自由な人にも情報を伝えているものもあります。

段差と隙間

駅ではホームに降りられても、電車に乗るためにはホームと電車の乗降口にある段差や隙間を通らなければなりません。それを解決しているのがスロープです。

このスロープは、鉄道各駅で車椅子使用者が乗降する際、駅員さんが折り畳み式のものを持参し、ホームと電車の段差や隙間を解消しています。メーカー各社は、利用者の貴重な声に耳を傾け、製品の軽量化、運びやすさ、折り畳む時の指挟みの回避などの工夫を続けています。

段差（バス・タクシー）

車椅子使用者があきらめていることに、バス、タクシーなどへの乗車がありました。調査から約25年たった２０２３年現在、バスの乗降口に階段はなく、乗降時に車体が低くなります。更に車椅子使用者が乗降する際に、スロープが自動または手動で設置できるようになっているノンステップバスが多くなっています。

タクシーでは、車椅子使用のままで乗車できるタクシー、ユニバーサルデザイン（ＵＤ）タクシーが増えています。事前予約の必要がなく運賃も流しのタクシーと同じで、福祉輸送事業限定タクシーと異なり、公共交通機関での外出が難しい車椅子使用者や高齢者だけでなく、妊婦さん、ベビーカー使用の人、大きな荷物を抱えた旅行者など、セダン型タクシーへの乗降が少々困難な人にも乗りやすくなっています。

車内は、高さや幅にもゆとりのある空間が確保されています。また、荷物置き場も広く、折り畳んだ車椅子や大きな荷物も収納できます。UDタクシーは、その仕様と共に、スロープの設置、車椅子の固定など乗務員が速やかに行うスキルも、利用者にとっては重要な鍵となっています。

タクシー業界では、「講義」、「映像」、「討論」、「実践」のプログラムで構成された「タクシー乗務員バリアフリー研修」が行われ、スキルアップが進んでいます。

☑高さ

あきらめていることの中の「（券売機で）切符を買う」、「銀行のCD機を利用する」、「公衆電話をかける」、「自動販売機で飲み物を買う」に関しては車椅子を使用している状態で、硬貨投入口、紙幣挿入口、返却レバー、硬貨返却口、商品取出口などの操作ができない高さにあることが、あきらめる原因になっていました。これらの不便さを解決するために有効な規格の一つが、JIS S 0041（自動販売機の操作性）です。

このJISに示されたバリアフリー対応の自動販売機は、硬貨の投入口、飲料を選択するボタン、商品取出口、硬貨返却口などを、どれも車椅子を使用した状態で操作できる高さに設置することを推奨しています。硬貨投入口は何枚も同時に、しかも容易に入れられるように受け皿のようになっています。更に購入した飲料は、取出口から片手で取り出せるようカバーが奥に押せるタイプとなっているのです。

また、自動販売機正面には住所の記載があるため、自分がいる場所が確認できるようになっています。ニュースが流れる電光掲示板付きのタイプでは、地震などの災害時には災害情報に変わり、更に蓄電池や自家発電装置の付いているタイプでは、停電になっても商品が提供できるようになっています。


次に、高齢者の「不便さ調査」をもとに行った展示会を紹介します。

高齢者

毎年秋に、東京ビッグサイト（東京都江東区の東京国際展示場）で行われる「国際福祉機器展（H.C.R.）」では、通常であれば、国内外の企業約500社が最新及び定番の福祉機器を展示し、約13万人の来場者を迎えています。2010年に主催者コーナーとして「高齢者に優しいモノコーナー」が設置されることになり、共用品推進機構は、企画・運営の協力を行いました。

関係者で検討を重ね、同コーナーを、「衣（洋服・靴下・靴等）」、「食（食べる、調理する）」、「住（バス・トイレ、掃除、洗濯、遊ぶ、寝る、起きる等）」に分け、それぞれに高齢者が使いやすいと思われる製品を出展各社から抽出してもらい展示したのです。各コーナーでは、異なるメーカーの製品を比較して試すことができるため、各メーカーのブースとは差別化されていました。

しかし、他の企業ブースに比べて立ち寄る人が極端に少ないコーナーになってしまいました。その原因を考えていた時に、パーキンソン病を患い片手が不自由な方から「片手で付けられるかっこいいネクタイ、探すの大変なんだよ」ということをうかがいました。

その一言がきっかけとなり、2012年の国際福祉機器展は、「高齢者に優しいモノ展」ではなく、「片手で使えるモノ展」という名称で展示しました。展示品の抽出は前年までと同様、出展社の中から選んだのですが、新たに次の三つの基準を設けました。

①通常は両手での操作が必要であるが、片手だけでも操作できる「モノ」
②片手で使うことを補助する「モノ」
③片手で使用するのに特別な技術がいらない「モノ」

片手で使えるモノをテーマにした時の会場風景

その結果、70点あまりの製品が集まり、展示した同コーナーは、開場から閉場まで人が途切れることがない人気となりました。

「衣料コーナー」には、ボタンの代わりに面ファスナーが付いたモノと、ボタンを片手ではめるための自助具を並べました。ボタンをはめるための自助具は、取手の先が細くなった縦長の輪が付いたモノで、ボタンの穴を通し、ボタンを引っ張り込み、ボタンをはめることができます。

「食のコーナー」には、「ナイフ」と「フォーク」、更に「スプーン」の機能があり、しかも片手で使える道具が人気でした。根元がつながっているので箸のように持ち、握ると先がスプーン形状になっているのです。

「洗濯ばさみ」も人気でした。洗濯物を挟む時には、洗濯ばさみを開いた状態にしておく必要があるため、片手がふさがってしまいます。展示した「洗濯ばさみ」は、一度開くと手を離しても、開いたままの状態になり、開いた部分に洗濯物を合わせ、再度片手で閉じることができるのです。

その他にも、片手で履ける靴や靴下、歯ブラシを上向きに置けて歯磨き粉を片手で付けられるコップ、手持ちのトランプカードを手から離して立てておけるカードホルダー、

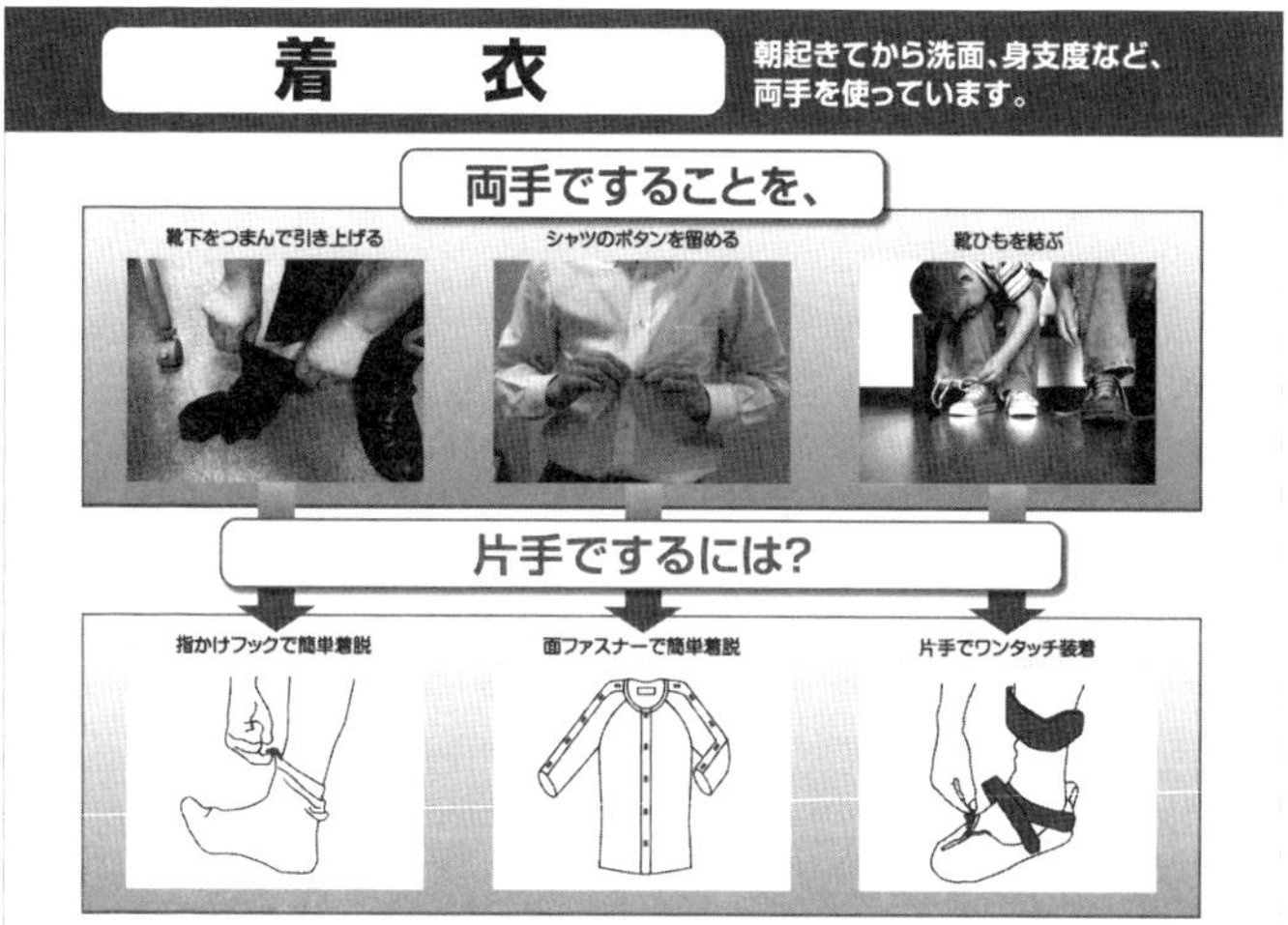

片手で使えるモノのパネル1　衣類

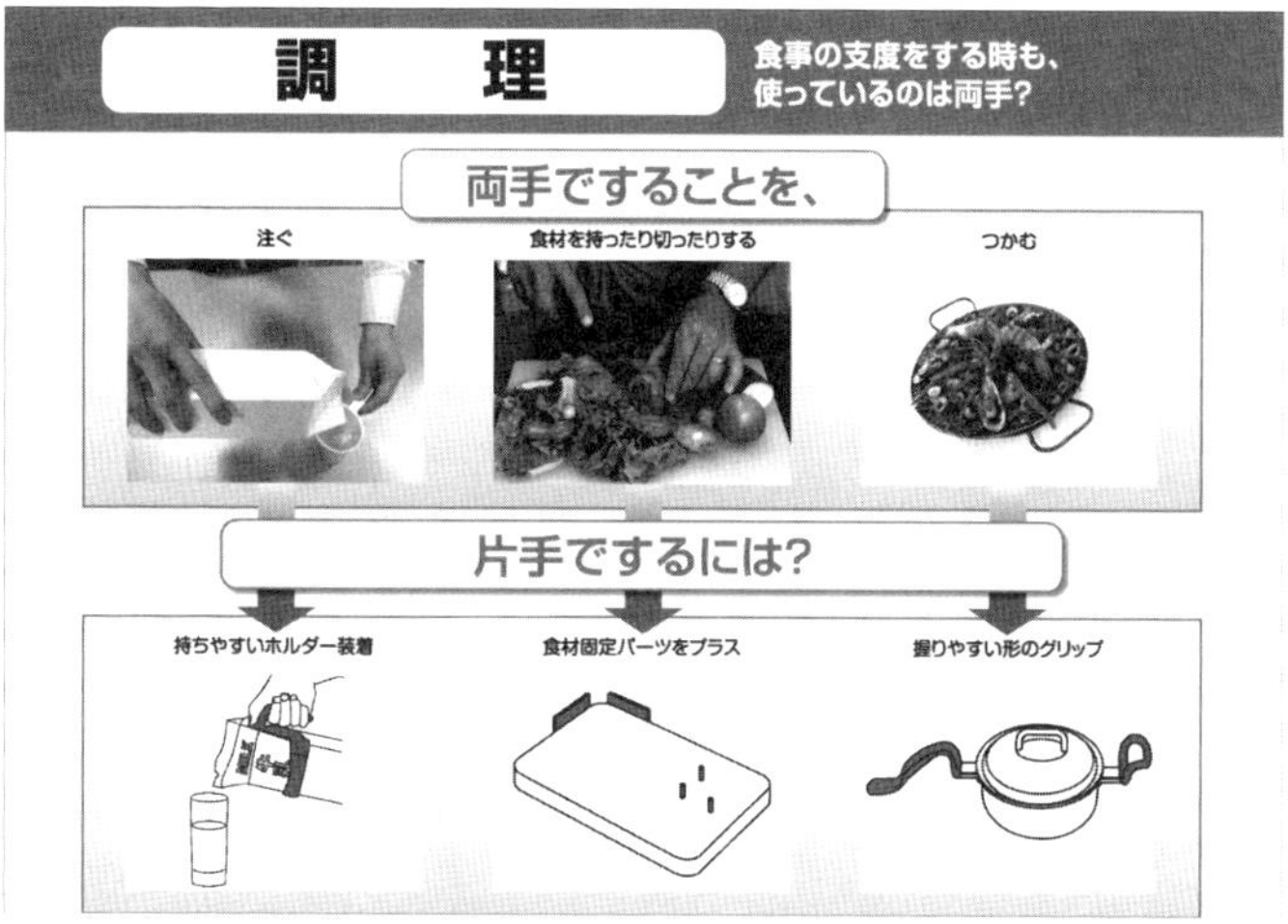

片手で使えるモノのパネル2　調理

木の台に手のひらを載せ、押し下げるだけで切れる爪切りなどを展示しました。

多くの人が立ち寄った「片手で使えるモノ展」ですが、実は前年と同じ製品も3分の1ほど展示しました。大きく異なっているのはタイトルが、「高齢者に優しい〜」から、「片手で使える〜」になったことです。「優しい〜」から「片手で〜」と、具体的に示したことと、高齢者の文字を削除したことが、多くの関心を呼んだ要因と思われます。

立ち寄った人の中には、高齢者も多くいたことからも、自分を高齢者と思っていない、もしくは思いたくない高齢者も多くいることが、この展示を通して感じられました。

第4章

いいね！を共有する「良かったこと調査」

調査の背景と目的

共用品推進機構では、前身の市民団体であるE&Cプロジェクト時代の、1993年より、各障害のある人別や高齢者に対して、日常生活における不便さ調査を行ってきました。第3章では視覚障害、聴覚障害、弱視、車椅子使用、高齢者、知的障害、子ども、妊産婦など、主に単独の障害者団体を対象に、それぞれ300名以上の人たちへのアンケート調査を行ったことを紹介しました。

その結果、それぞれの製品やサービスへの不便さを、企業、業界等がしっかり受け止めてくださり、明らかになった不便さが解決された製品・サービスが多く市場に創出されました。1995年、該当製品の市場規模は約4800億円だったのに対し、2020年には約3兆円と、当初に比べ約6倍にも伸びています。

各企業、業界団体等で行ってきた工夫は、政府機関である日本産業標準調査会のバックアップも大きく、関連する「高齢者・障害者等配慮設計指針」のシリーズは、既に43種類作られ、日本発の国際規格ともなり、工夫された製品が創出されやすい環境になってきています。

より多くの人が使える製品やサービスを創り出すには、「不便さ調査」が必須と言う

共用品市場規模調査（2005～2020年度の主な5項目、単位：億円）

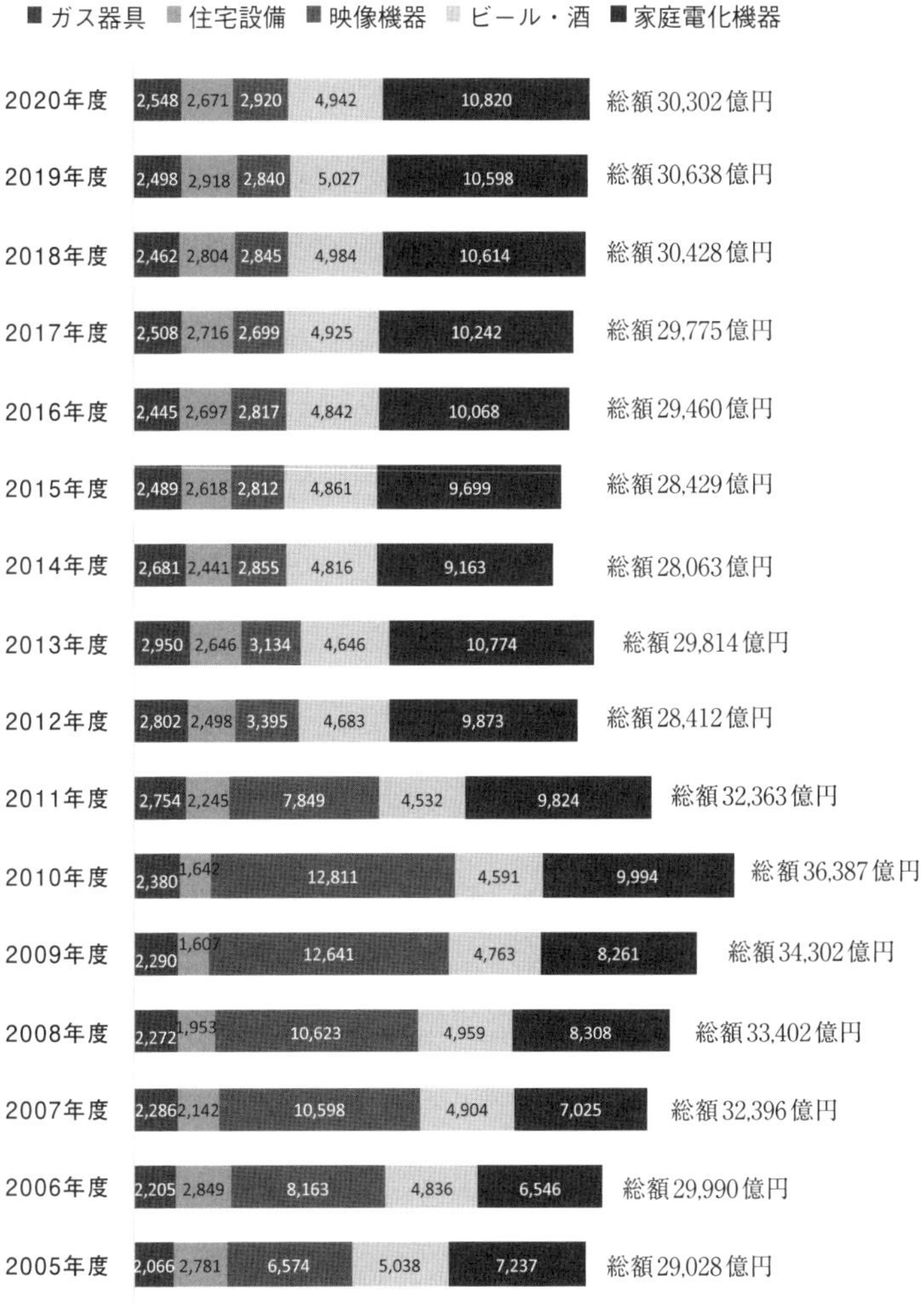
■ガス器具 ■住宅設備 ■映像機器 ■ビール・酒 ■家庭電化機器
2020年度 2,548 2,671 2,920 4,942 10,820 総額30,302億円
2019年度 2,498 2,918 2,840 5,027 10,598 総額30,638億円
2018年度 2,462 2,804 2,845 4,984 10,614 総額30,428億円
2017年度 2,508 2,716 2,699 4,925 10,242 総額29,775億円
2016年度 2,445 2,697 2,817 4,842 10,068 総額29,460億円
2015年度 2,489 2,618 2,812 4,861 9,699 総額28,429億円
2014年度 2,681 2,441 2,855 4,816 9,163 総額28,063億円
2013年度 2,950 2,646 3,134 4,646 10,774 総額29,814億円
2012年度 2,802 2,498 3,395 4,683 9,873 総額28,412億円
2011年度 2,754 2,245 7,849 4,532 9,824 総額32,363億円
2010年度 2,380 1,642 12,811 4,591 9,994 総額36,387億円
2009年度 2,290 1,607 12,641 4,763 8,261 総額34,302億円
2008年度 2,272 1,953 10,623 4,959 8,308 総額33,402億円
2007年度 2,286 2,142 10,598 4,904 7,025 総額32,396億円
2006年度 2,205 2,849 8,163 4,836 6,546 総額29,990億円
2005年度 2,066 2,781 6,574 5,038 7,237 総額29,028億円

ことがわかります。

しかし、これまでの調査は、個々の障害ごとに行ってきていたため、異なる障害の人たちから相反する意見を明らかにするのは困難でした。そのため、製品やサービスを企画・開発・製造・販売する側は、年度ごとに異なる障害から出される異なるニーズを聞くことになり、広い視野にたった工夫ができてこなかった状況もありました。

これらの課題を解決するために、恒常的に効率良く、より多くの人たちが使える製品・サービスが創出される仕組みを作ることを目的とし、「良かったこと調査」という前代未聞の調査を実施することにしたのです。

「不便さ調査」は文字通り、今まで不便だったことやモノを明らかにすることであり、言わばマイナスだったところを、ゼロに戻す役割があります。一方、「良かったこと調査」は、これを更にポジティブに発展させる役割があります。

「良かったこと調査」の特徴は、次の2点です。

① 「不便さ調査」から、「良かったこと」調査へ

「良かったモノ」、「良かったこと」を聞くことは、マイナスをゼロにするだけでなく、ゼロからプラスに展開できる可能性がある。

②「一障害」から「複数の障害」へ、そして「高齢者」へ

同じテーマで同時期に、複数の障害、そして高齢者への調査を行うことによって、異なる角度からの意見を抽出することができ、また共通性を把握することができる。

調査概要

次に2013年度に、初めて行った「良かったこと調査」の概要を紹介します。

「良かったこと調査」のテーマに「旅行」を選んだのは、障害の種類、年齢にかかわりなくほぼすべての人が経験のあることであり、更には交通アクセス、宿泊、食事、観光など、数多くの要素が含まれているためです。

調査方法

調査は、自由記入が多いアンケート調査形式で行いました。この方法は、E&Cプロジェクトが1993年に行った最初の調査方法を使用しました。

その方法とは、想定される複数の回答に印をつけてもらうやり方ではなく、自由に記入してもらい、それを集計し分析するやり方です。手間と時間のかかる方法ですが、こ

ちらが想定していない回答を多数得ることができます。

実施体制

実施する内容の概要が固まった段階で、調査に協力いただける障害当事者団体、高齢者関係の機関を1団体ずつ訪問し、趣旨を説明して依頼しました。理想は当事者団体すべてにお願いしたいところですが、最初からは不可能なため、共用品推進機構の理事、評議員関係の機関並びに同機構で行っている委員会に参加している団体等にお願いしました。

それぞれの団体等に趣旨を説明に行くと、第一声は「不便さや不満はたくさん出てきたけれど、良かったことは出てくるかなぁ?」というコメントが多くありました。目的や調査概要を詳しく説明させていただくと、どの機関も「初めてのことだし、やってみる価値がある!」と賛同してくださり、最終的には左記の13団体（その他個人有志を含め）と、一般社団法人日本ホテル協会、一般社団法人日本旅館協会、公益財団法人交通エコロジー・モビリティ財団、一般財団法人日本児童教育振興財団の方々に協力していただくことができました。そして、アンケート内容、集計・分析方法を検討するための

	協力団体
1	社会福祉法人日本視覚障害者団体連合
2	社会福祉法人日本点字図書館
3	一般財団法人全日本ろうあ連盟
4	公益社団法人日本リウマチ友の会
5	公益社団法人全国脊髄損傷者連合会
6	弱視者問題研究会（有志）
7	ＮＴＴクラルティ株式会社
8	株式会社高齢社
9	株式会社かじわん
10	一般社団法人全日本難聴者・中途失聴者団体連合会
11	一般社団法人全国パーキンソン病友の会
12	社会福祉法人全国盲ろう者協会
13	その他　個人有志

委員会を設置し、オブザーバーで、国土交通省、経済産業省の方々にも参加していただきました。

委員会の委員長には、日本パラリンピック委員会の委員長（当時）である鳥原光憲《とりはらみつのり》氏が就任してくださいました。委員長をお願いしたのは、2020年の東京オリンピック・パラリンピック開催が決定する前でしたが、開催に向けてさまざまな機関が整備されていく中で、この調査が何らかの参考になればという気持ちが、委員会の中でも広がっていきました。

調査実施

委員会は2回開催しました。

第1回委員会は、アンケートの内容を固めることでした。事務局からのたたき台に対して、こうしたらもっと良くなるのではないか、という前向きな意見が多く出され、「旅行で経験した良い思い出」を中心にご回答をいただきました。

更にアンケート調査の各設問は、「誰が」、「どこで」、「いつ」、「何を」、「どのように」良いと感じたかを「国内」、「海外」での出来事に分け、自由記述していただくことにしました。

【「旅行に関する良かったことアンケート」調査の主な設問】

1．交通機関（電車、バス、船、飛行機、タクシー、自家用車等）

1－1．あなたが利用した交通機関で良かった人的応対等を教えてください。

1－2．あなたが利用した交通機関で良かった設備等を教えてください。

2．宿泊施設（旅館・ホテル等）

2－1．あなたが宿泊した施設で良かった人的応対を教えてください。

2－2．あなたが宿泊した施設で良かった設備等を教えてください。

3．レストラン、食事処

3－1．あなたが旅先で利用したレストランや食事処で、良かった人的応対を教えてください。

3－2．あなたが旅先で利用したレストランや食事処の良かった設備等を教えてください。

4．その他（観光・予約・団体旅行等）

4－1．あなたが旅行で経験したその他、良かった人的応対を教えてください。
4－2．あなたが旅行で経験したその他、良かった設備等を教えてください。

調査結果

委員会で合意されたアンケートは各団体経由で主に会員に配布されました。期間は、2013年11月～2014年1月の3か月間で実施されました。

その結果、アンケート回答者数は236名でした。内訳は次の通りです。

- 視覚障害（全盲）27名、（弱視）15名
- 聴覚障害（ろう）34名、（難聴）24名
- 盲ろう5名
- 肢体不自由（上肢）1名、（下肢）20名、（両肢）22名
- 難病（リウマチ）24名、難病（パーキンソン）31名、難病（その他）1名
- 高齢者（60歳以上）32名

次は、交通機関（国内）に関する自由回答の一部です。

交通機関：電車、バス、船、飛行機、タクシー、自家用車等

■あなたが利用した交通機関で良かった人的応対を教えてください。

回答結果は次の通りです。

【視覚障害（全盲）】

〈電車〉

・鉄道の改札を出る時に駅員に目的地までの行き方を尋ねたら、「近くだから」と一緒に目的地まで誘導してくれた。

・JR等の乗り換え駅や到着駅で乗り換えやタクシー乗り場への案内を、係員がスムーズに親切に手伝ってくれたこと（最近はこれらに関するトラブルがない）。

〈バス〉

・単独で高速バスを利用した際、サービスエリアで、トイレに行きたい、買い物をしたいことを運転手さんに伝えたところ、サービスエリア内を誘導してくれた。

〈タクシー〉

・朝4時の予約にもかかわらず、親切な対応でした。一人で遠方の友人との待ち合わせで、友人を探して引き渡すまで対応してくれた。

〈飛行機〉

・飛行機に乗った際、「何かお手伝いが必要なことはありますか?」と声をかけてくれた。「○○障害だとこの支援」といった決まった対応でなく、個別に尋ねてもらえるのは嬉しかった。

・飛行機の中で点字の案内文が用意してあり、それを読ませていただいたこと。

【視覚障害（弱視）】

・優先搭乗をお願いした際、足元の状況（段差など）を細かく説明し、誘導してくれました。座席に設置されているボタンも丁寧に教えてくれました。

〈電車〉

・切符を「行き」と「帰り」とに分けて手渡ししてくれた。

・車内放送、特に「自動放送をフォローする車掌さんの到着番線」の案内が助かる。

・新幹線で空席ができたことを知らせていただいたこと。

〈バス〉

・バス停でバスを待っていたら、運転手さんが行き先を教えてくれた。

・観光バスに乗った時、トイレ休憩で停車した際に、バスの入口に目印のぬいぐるみを置いてくれました。障害への配慮というわけではありませんが、駐車場にたくさんあるバスの中から自分のバスを探すのは大変なので、とても助かりました。

・ガイドの説明が視覚障害の立場を考慮して詳しく行ってくれたこと。

【聴覚障害（ろう）】……………………………………………………

〈飛行機〉

・フライトアテンダントが手話を少し使ってくれた。

・荷物手続きの時に、筆談対応してくれた。

・飛行機のキャビンアテンダントが筆談、メニューもメモしてくれた。
・航空の場合、乗り換えの際にアテンダントから引き継ぎがあるようで、改札でお手伝いの要・不要を聞かれることがある。気付いてもらえている、意識してもらえているだけでも安心感がある。

〈駅〉

・駅員が気持ちよく筆談で対応してくれた。
・Suica《スイカ》などワンタッチで改札を通過できるようになった。
・駅にコミュニケーションボードや筆談器を置くところが増えて、意思疎通の支障を感じなくなった。
・駅員が嫌な顔、面倒臭そうな顔をせず、にこやかに対応してくれたこと。

〈自家用車〉

・昔はわからなかったラジオ情報が、今はカーナビやインターネット等で情報にアクセスできるようになり、旅先でのストレスがなくなった。

〈バス〉

・車内電光情報が充実してきて「降りること」に緊張を感じなくなった。

・会社によっては、降りる停留所の字幕がないところがあり、運転手に筆談で「どの停留所で降りるからよろしく」と筆談でお願いしたら、「どこに行くの？」、「その温泉だとそういう行き方が良いよ」と丁寧に筆談で対応してもらえた。

【聴覚障害（難聴）】……………………………………………………

〈飛行機〉

・搭乗時、キャビンアテンダント（ＣＡ）の方に聞こえない旨を伝えておいたところ、機内の説明などをメモで知らせてくれたこと。

〈電車、駅〉

・筆談対応。目的地の天気などを教えてくれたので降りる準備ができた。

・駅員さんに行き先を聞いた際、口頭で説明を始められた時に、聞こえにくい旨を伝えると、即座に常備してあった筆談具を使用して筆談に応じてくれたこと。

【肢体不自由】……………………………………………………

〈飛行機〉

・飛行機を利用する際、以前は早めに空港の車椅子に乗り替えさせられたが、事情を説明すると搭乗口の前まで自分の車椅子を使用させてもらえた。

・飛行機着陸後、車椅子使用者は一番最後に降りるが、その間キャビンアテンダントが話し相手になっていてくれた。

〈高速道路〉

・高速道路の通行券がなかなか取れない時、後ろのドライバーが車から降りてきて券を取ってくださったこと。

〈電車〉

・JR東日本、東京や神奈川の私鉄を利用した場合、乗り換え駅や降車駅の連絡が良くスムーズに旅ができて良かった。

・一人で電車に乗る場合、下車したい駅名を伝えることで、乗降のサポート・改札までの誘導をしてくれるので助かる。

・電車を利用して外出した時、駅員さんが目的のホームまで案内してくれて助かった。

〈船〉

・初島にフェリーで移動する際、乗船の時何名かで車椅子を持ち上げて介助していただいた。

〈タクシー〉

・熊本に行った時のタクシーが、車椅子を理解した介助をしてくれた。

〈その他〉

・ガソリンスタンドのセルフ給油が自分でできずに困っていたら、客として来た人が、快く給油をしてくれた。

【難病（リウマチ）】……………………………………

〈バス〉

・バス旅行で運転手さんが、バスのステップを降りる時、手を貸してくれて降ろしてくださった。

・運転士が降りてきて、小さい荷物を持ってくれた。

〈電車〉

・予約の際、乗車車両がエレベーターの近くで助かった。

・駅員さん（若い男性）が普通に切符を買うか周遊きっぷを買うか、障害者手帳で（1

００キロ超え）買うか、どれが一番安いか調べてくれた。

〈タクシー〉

・いつも自宅から最寄りの駅までタクシーを利用しているが、障害者への対応がいつも優しい。

〈飛行機・空港〉

・飛行機で荷物（リュック）を背にする時、サッと持ち上げてくれた。

〈その他〉

・車椅子に乗って駅員さんに乗せていただくのを一人で待っていたら、通りがかりの男性が「お手伝いしましょうか」と声をかけて乗せてくださった。

【難病（パーキンソン病）】……………………………………………

〈電車〉

・車掌が座席まで連れていってくださった。

〈バス〉

・運転手さんがとても親切でわかりやすく道を教えてくれた。

〈タクシー〉
・運転手が私の手荷物を見るなり車から降りて、自動車（タクシー）に積んでくれた。
〈その他〉
・エレベーター・エスカレーターのない駅の階段で、荷物を運んでくれる人が配置されていた。

【高齢者】……………………………………………………………

〈高速道路〉
・高速で障害者用の駐車スペースが多くなった。
〈電車〉
・車椅子の方には道をあけて乗降できるように協力した。
・乗車の際、ホームと電車との隙間に靴を落とした時、親切に対応してくれた。
〈バス〉
・観光バスの運転手が地元の人で、窓の外の見どころを的確に、型通りではない説明をしてくれたことが好印象でした。

〈船〉

・青函連絡船で乗船手続きをしている時に対応してくれた受付の女性が、出航時間であるにもかかわらずマイクで出航を止めて船を待たせてくれたこと。

・船から降りる時、港にいた人が手を支えてくれた。

アンケート回答の大半は、それぞれの交通機関で働く職員の方々が自分に向けた行動に対し感謝を込めての感想でした。

「なんだ、こんなの当たり前のことではないか」と思われた方もいると思います。ただ、サービスを提供する人たちにとっては「自分が行っていることは、本当にその人が望んでいることなのか」を確かめることが困難です。そのため今回のように、サービスを受ける側の反応を知ることができる調査は、貴重なものだと思います。

更にはその事例が広く伝われば、「良かったこと」の実践を広げていくことができます。

回答の中に、仕事でなく一般の人が行ってくれたことが数件記載されています。障害者、高齢者に関係する法律が整備され、公的機関、民間機関で多くのガイドラインができ、人的応対、誘導もレベルが高くなってきています。しかしその半面、誘導や人的応対は交通機関を始め、流通、宿泊施設などで働く人が行うこととの認識が広がってしまっているのではないかとも思います。今回のアンケートに出てきた「良かったこと」は、それぞれの職場で働く、プロの人だけがするものに限りません。

誰かにとっての「良かったこと」は誰にでもできるということを、このアンケートは教えてくれています。

継続している「良かったこと調査」

前項でも述べましたが、共用品推進機構では、2013年度から「良かったこと調査」を実施してきました。

すべての調査は、報告書にして共用品推進機構のホームページに掲載し、どなたにもご覧いただけるようになっています。また、2014年度の「コンビニエンスストア」と、2018年度に行った「杉並区」の調査結果は、イラスト版にしてホームページで公開しています。次ページ以降で、その一部を紹介します。

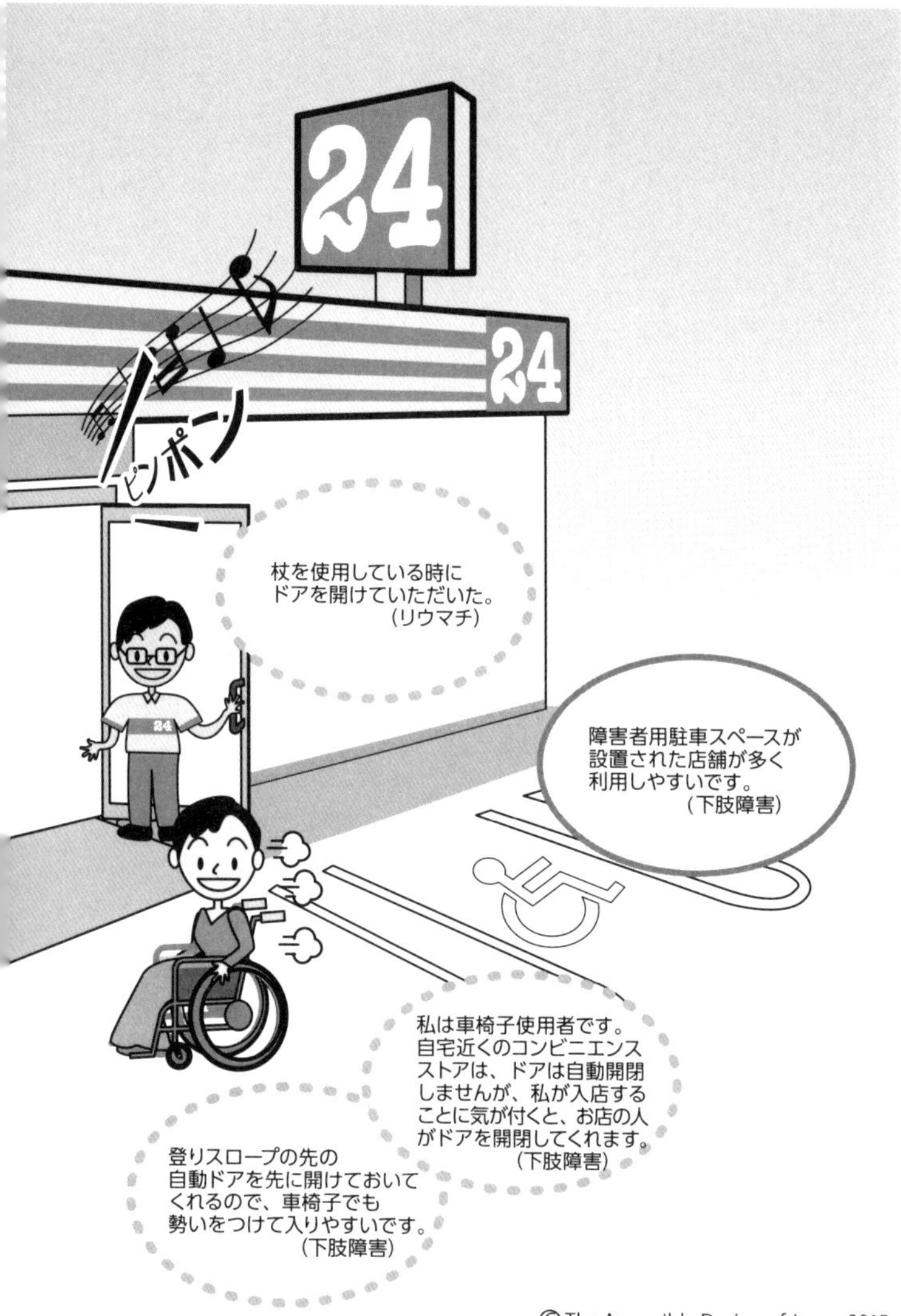

© The Accessible Design of Japan 2015

〔コンビニエンスストア①〕

肢体不自由のある人、リウマチの人の

出入口での良かった人的応対や設備

コンビニのロゴマークは
色や形がはっきりしていて、
看板のサイズも大きいので、
探す時に見つけやすくて
良いと思います。　（多数）
24
多目的
トイレ
あります
自動ドアはありがたいです。
（下肢障害）

店員さんが、私に気付くと
こちらから声をかける前に
「少々お待ちください」等
声をかけてくださいます。
（全盲）

目的を告げると
商品を選んでくださいます。
（全盲）

私がよく利用するコンビニに
行くと、商品を購入する
手伝いのため、カウンターから
出てきてくれ声をかけて
くださいます。　（全盲）

© The Accessible Design of Japan 2015

〔コンビニエンスストア②〕
視覚に障害のある人の、
入口での良かった人的応対や設備

店員さんが顔を覚えていて
くれて声をかけてくれる。
混んでいてもちょっと
待っててくださいとか必ず
対応してくれる。　（全盲）
お手伝いしますか？
○○さん、こんにちはー。
少々、お待ちください。
24
出口に、
ご案内します。
買い物を
手伝いましょうか？
私がよく利用するコンビニでは、
会計後出口まで誘導してくれる
ことがあります。　（全盲）

どこでも「会員カードを
持っていますか？」と
いつも尋ねられますが、
私が行きつけのコンビニでは、
「カード」の身振りで尋ねて
くれます。　　（ろう）

私がろうであることを
店員さんが理解し、マスクを
外して「お弁当温めますか？」と
確認してくださった時、
助かりました。　　（ろう）

お釣りを財布に入れてくれる。
（上下肢障害）

カウンターが
丁度良い高さになっています。
（下肢障害・車椅子使用）

耳が聞こえないと伝える前に
店員の方から耳が聞こえない人
だろうと気付いてくれて、
メモに書いてくれたり、
身振りで伝えてくれたりします。
（ろう）

© The Accessible Design of Japan 2015

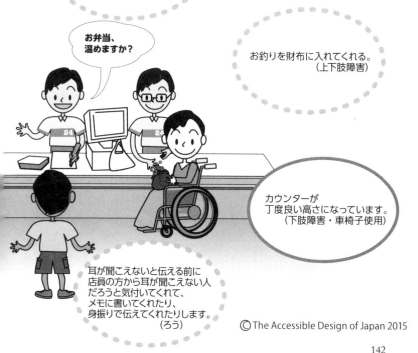

〔コンビニエンスストア③〕
聴覚に障害のある人、肢体不自由の人、パーキンソン病の人の、レジでの良かった人的応対や設備

支払いが終わった後に、「ありがとう」という手話を使ってくれました。（ろう）
いつもトイレだけに行かせてもらって、すみません。（パーキンソン病）
トイレのみのため入店しても止められたことはありません。（パーキンソン病）
ありがとうございました。
お手洗 ご自由に お使いください
手話ができる店員さんがいるので、たわいない話ができます。（ろう）

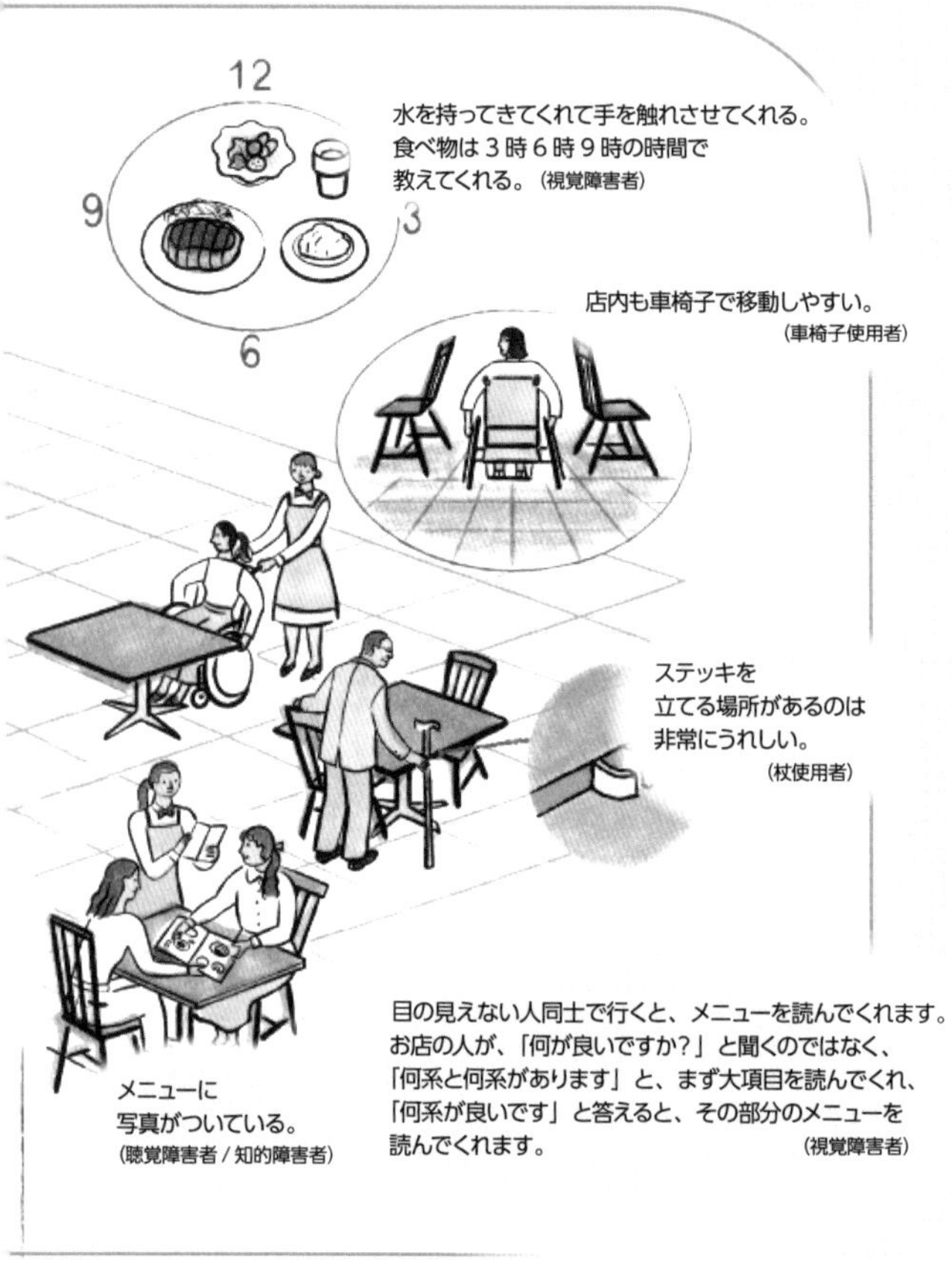
12
9
3
6
水を持ってきてくれて手を触れさせてくれる。
食べ物は３時６時９時の時間で
教えてくれる。（視覚障害者）
店内も車椅子で移動しやすい。
（車椅子使用者）
ステッキを
立てる場所があるのは
非常にうれしい。
（杖使用者）
目の見えない人同士で行くと、メニューを読んでくれます。
お店の人が、「何が良いですか？」と聞くのではなく、
「何系と何系があります」と、まず大項目を読んでくれ、
「何系が良いです」と答えると、その部分のメニューを
読んでくれます。（視覚障害者）
メニューに
写真がついている。
（聴覚障害者／知的障害者）

©The Accessible Design of Japan 2019

〔杉並区①〕

私たちの街で見つけた良かったことやモノ

～食堂・レストラン～

飲み物が好きなので、
ドリンクバーがあると良い。
レジで金額がわかるのが良い。
（聴覚障害者）
店員が手話で「ありがとう」。これだけでも嬉しい。
聞こえないと伝えると、すぐにメモで記入してくれること。
新しい店は段差が
ない。
店内も車椅子で
移動しやすい。
（車椅子使用者）
成田東にある食堂は
点字メニューがある。
（視覚障害者）

コミュニティバス
「すぎ丸くん」のバスが
自宅近くを通るので、
駅へ出るのがラク。
助かります。
(ステップも低くて)
(知的障害者/肢体不自由者)

普段、仕事に行く時はバスを利用している。
その時のバスの運転手の客への対応が良い。
具体的には、元気よく挨拶をする運転手がいたり、
朝の時間帯で忙しいはずなのに、
丁寧な言葉遣いの運転手がいたり、
さまざまだが総じてバスの運用を良くしようという
意気込みが伝わってきて、とても良いと思う。
(精神障害者)

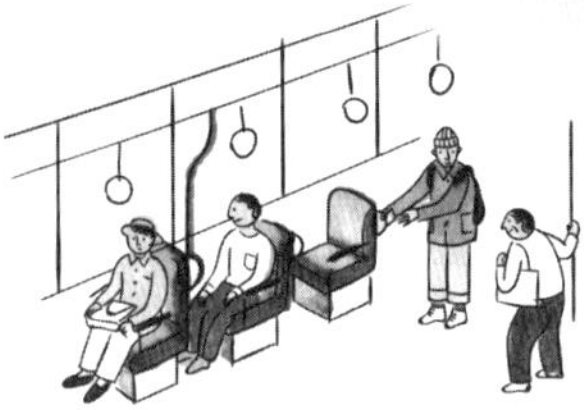

乗り物で席を譲ってくれる。
(視覚障害者)

タクシーの床が平らで、車高が高いワゴンタイプは
障害者にとって使いやすい。 (失語症の人)

ユニバーサルタクシーが
増えてきてタクシーの
乗車が容易になったことは嬉しい。
セダン型のタクシーは
中央に境があり、境を乗り越えるのが大変。
(高齢者)

タクシーによっては
筆談対応してくれる車あり。
助かっている。(聴覚障害者)

©The Accessible Design of Japan 2019

〔杉並区②〕

私たちの街で見つけた良かったことやモノ

～ 乗り物 ～

ノンステップに
なっていて、
乗りやすい。
（杖使用の高齢者）

コミュニティバス
「すぎ丸」優しい。
（杖使用の高齢者）

以前は、バスの運転手さんが
アナウンスしているのが
わからなかったが、
最近は、電光表示があり、
次の停留所がわかるので、
とても助かっている。（聴覚障害者）

ノンステップバスでも、車椅子ごと乗る時には、
運転手さんにスロープを出してもらう。
以前は、迷惑そうな顔をされたこともあるが、
最近はみな親切に対応してくれる。
（車椅子使用者／杖使用の高齢者）

バスに筆談しますという
表示がある。（聴覚障害者）

ドアスライド式のタクシーは、
座席が広く荷物が載せやすい。
（視覚障害者）

銀行に行って
「耳が聞こえません。相談したい」
と言うと筆談してくれる。
耳マークのボードが置いてあって
わかりやすくて良かったです。
（聴覚障害者）

銀行の待ち合いの席で座って待っていた。
呼ばれたので立ち上がろうとしたら、
うまく立ち上がれないでいたところ、
女性の行員が、両手を持って立たせてくれ、
椅子のある窓口まで誘導してくれて、
大変助かった。（肢体不自由者）

銀行で
親切にしてもらった。
（杖使用者）

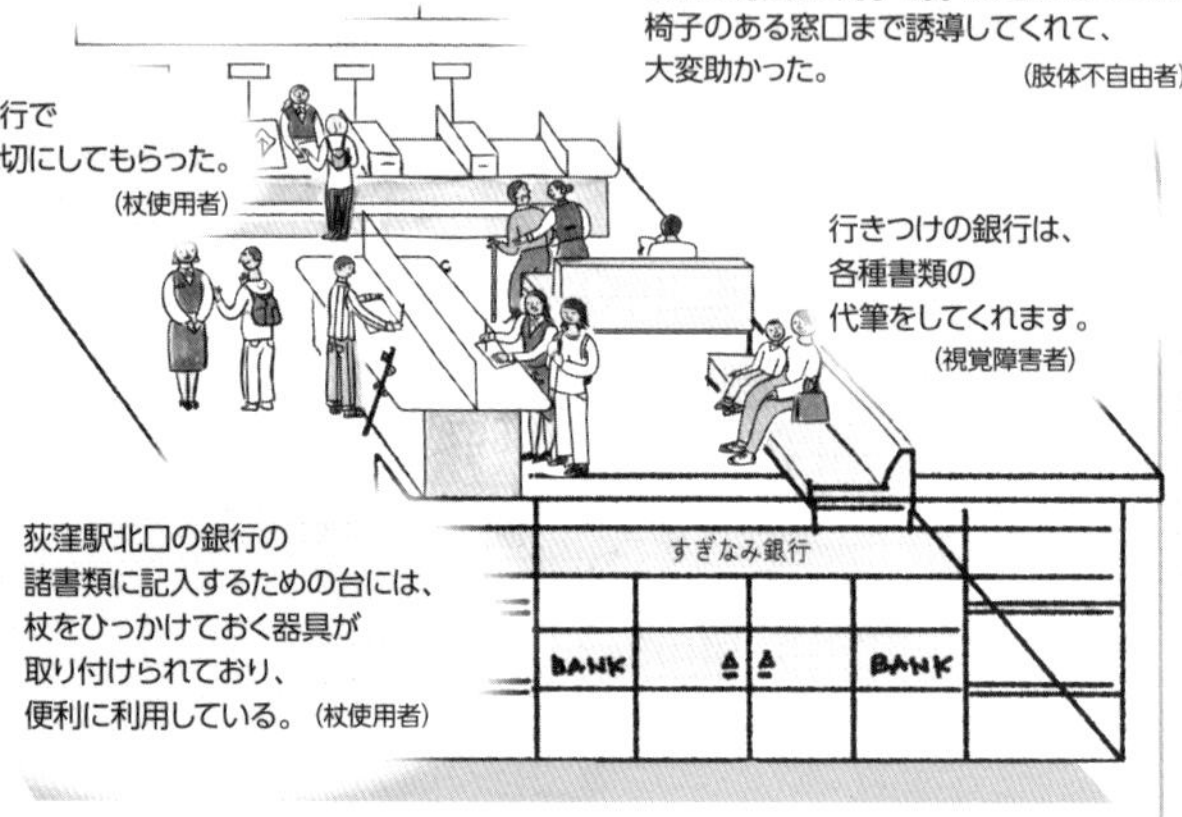

行きつけの銀行は、
各種書類の
代筆をしてくれます。
（視覚障害者）

荻窪駅北口の銀行の
諸書類に記入するための台には、
杖をひっかけておく器具が
取り付けられており、
便利に利用している。（杖使用者）

区からタクシー券などもいただけるので
ありがたいです。（下肢障害・体幹障害）

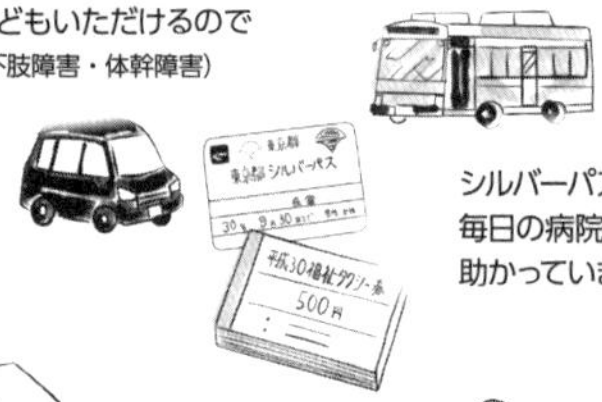

シルバーパスをもらったので、
毎日の病院通いが
助かっています。（高齢者）

区役所の
区政相談課の職員が、
手話で
「こんにちは」と
挨拶してくれる。
（聴覚障害者）

お医者さんは、
「聞こえないこと」を
伝えると、
半分くらいの人が、
マスクをとってくれる。
（聴覚障害者）

©The Accessible Design of Japan 2019

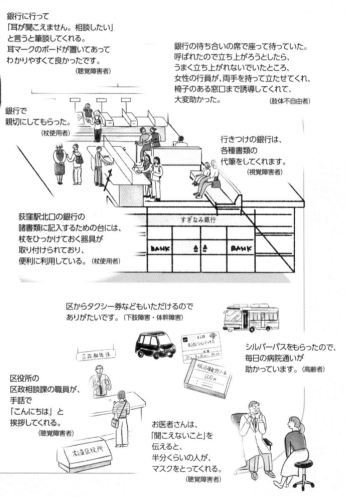

〔杉並区③〕

私たちの街で見つけた良かったことやモノ

～公共施設・公共サービス～

特定郵便局の多くは、地主さんなどが、自分の土地を提供して建てたものが多い。そのため建物も小さく、バリアフリー化は難しい状態。工夫されたのは、ATMの横にあるボタンを押すと、中にいる職員が出てきてくれて、いろいろな手続きをやってくれること（このボタンで職員を呼び出す方法は、他の郵便局にもあるそうです）。呼び出しボタンを付けるという、少額の出費と思いやりのこもった応対が嬉しいです。

（車椅子使用者）

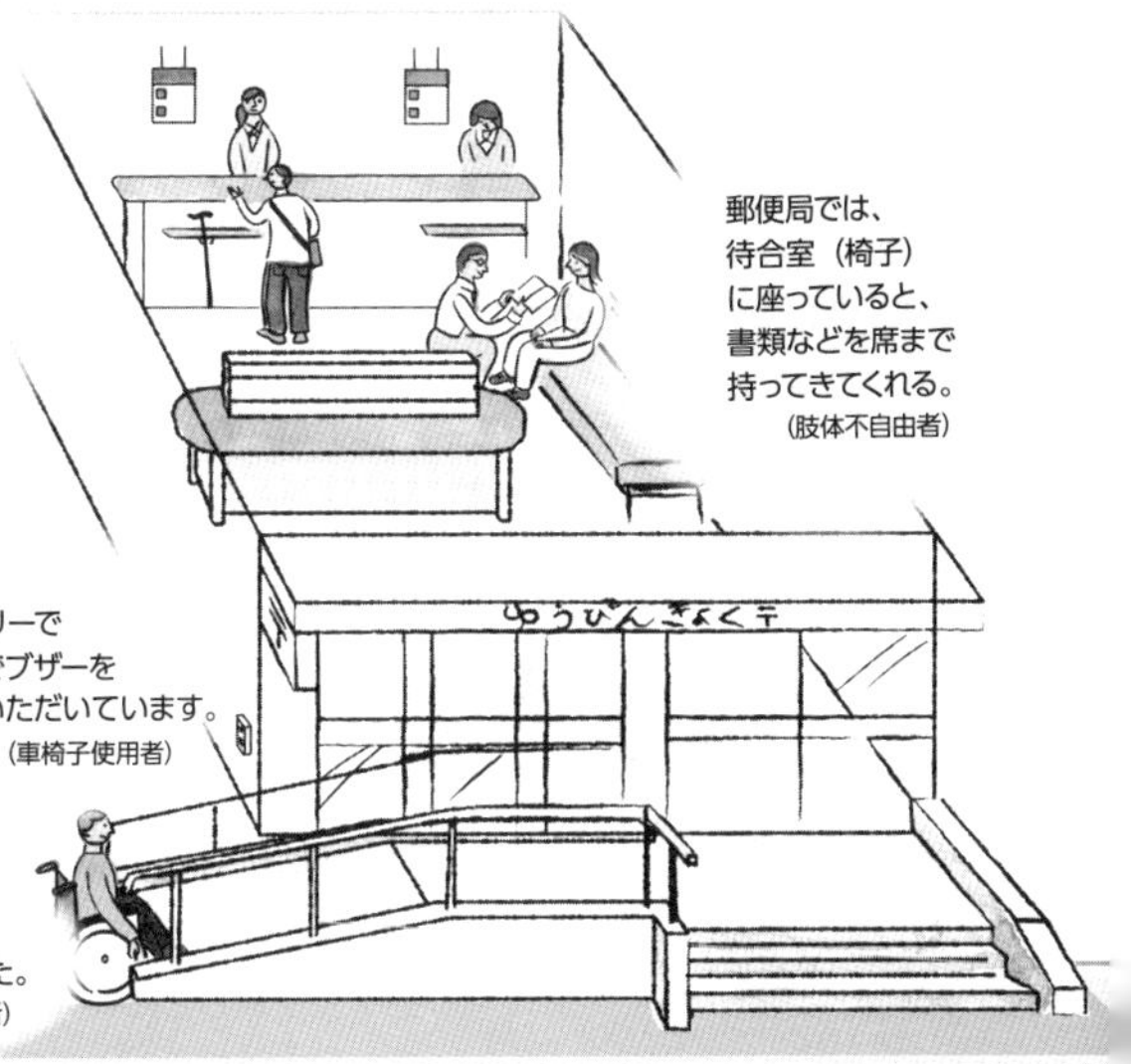

郵便局では、待合室（椅子）に座っていると、書類などを席まで持ってきてくれる。
（肢体不自由者）

郵便局のバリアフリーでないところは、下でブザーを押すと対応をしていただいています。

（車椅子使用者）


郵便局はスロープがあった。

（車椅子使用者）

いいね！を共有する「良かったこと調査」

コンビニエンスストアの良かったこと調査を行うために、全盲の女性Kさんにうかがった話を紹介します。

東京の高田馬場には、目の不自由な人たちを支援する施設が多く存在し、他の街に比べて白杖を使って歩く人を多く見かけます。彼女もその中の一人。白杖を使い、勤務する視覚障害者の施設に徒歩で通っています。

自宅と勤務地の中間にあるコンビニエンスストアは、彼女にとって大きな冷蔵庫代わりになっているとのこと。仕事を終えての帰り道、冷えたビールを購入し、自宅で鍼灸院を営む全盲のダンナさんと、一日の疲れをとる夕食時の乾杯が毎日の楽しい日課だと話してくれました。

その乾杯に至るまでには、Kさんがコンビニの店員さんと一緒に考えたちょっとした工夫があると教えてくれました。無類のビール好きの二人、長年連れ添っていますが、ビールだけは、好みが違うとのこと。ダンナはA社、彼女はB社と譲れません。

缶ビールの上部には、点字で「おさけ」と表示されており、アルコール飲料であることは触ってわかりますが、会社名までは点字で判別することはできません。そのた

良かったこと調査のテーマ
「旅行に関する良かったこと調査」（2013年度）
「コンビニエンスストア」（2014年度）
「医療機関」（2015年度）
「家電製品と家事の道具等」（2016年度）
「パッケージ」（2017年度）
「地域（東京都杉並区）」（2018年度）
「公共トイレ」（2019年度）
「地域（沖縄県、岡山市）」（2020年度）
「アジア15か国」（2021年度）
「地域（大阪府、熊本県、愛知県」（2022年度）

め、コンビニで購入した2本の異なる会社のビールを、間違えて一口飲んだことも何回かあったとのことです。

そこで彼女は、コンビニの店員さんに相談。普段、レジで「袋はいらない」と言った時に貼ってくれるセロハンテープを、B社のビールだけに貼ってもらうようにお願いしたのです。それからは、一度も間違えることなく、楽しい乾杯が続いています。

またその工夫は、その後、一人の店員さんだけでなく他の店員さんにも「申し送り」として伝えてくださり、お店と彼女とのルールになっていると、話してくれました。

２０１４年度に行った「コンビニエンスストアに関する良かったこと調査」では、コンビニのレジで、店員さんにビール以外にも形状が同じで中身が異なる缶詰、瓶などのどちらかにセロハンテープを貼ってもらった経験が、複数挙がっていました。一人の店員さんへの「いいね！」は、その店で共有することにより、その店の「いいね！」に広がります。更に、同じ系列店で共有する、更には他のコンビニチェーン店、他業種、そして他国にも広がれば、「いいね！」は、国際的な「いいね！」にもなっていくのです。

この場合、セロハンテープを貼るというのは、レジ袋が必要ないと言うお客さんに店員さんが行う通常の業務と同じです。その通常の業務で、メーカーが行うことが困難なビールの会社名を目の不自由なお客さんに伝えることができるのです。しかしそのメリットは、セロハンテープを貼ることの意味が、共有されて初めて成り立ちます。

２０１８年度に行った「杉並区の良かったこと調査」は、杉並区内の15の当事者団体等が加盟する杉並区障害者団体連合会が中心となり、杉並区と共に行った調査です。調査結果をイラスト化し、それをポスターやチラシにして、多くの区民に見てもらいました。

地域から出てきた「いいね！」の多くが国際的にも広がれば、良いことやモノがたくさん増えてきます。世界にも目を向けながら、活動は身近な地域から着実に、といったことが重要ですが、常に開かれた「いいね！」、つまり、さまざまな地域での「いいね！」が、「アクセシブル社会」を目指す多くの人、地域、組織、国で共有できるようになればと思っています。

あとがき

今回紹介した「良かったこと」は、世の中にある良かったことのほんの一部です。紹介しきれなかったことも数多くあります。更にはたった今生まれた良かったことも、どこかに必ずあるはずです。つまり、良かったことは「人と人」、「人とモノ」が接触すれば、限りなく広がっていくものなのです。そのため、良かったことを作ったとしても、作った矢先に次の版を作ることになりますが、大切なことは、どこかの事例集を眺めてそれと同じことをするだけではなく、その場、その人に合った「良かったこと」を、考えて実行することです。

ただし、他で行われた良かったことを、知っているか、いないかでは、大きな差が生まれてきます。どこかの「良かったこと」を知っていれば、その次の段階の「良かったこと」に、力と時間を使うことができるのです。

本文でも述べましたが、２０１３年は、「良かったこと調査」を始めた年です。

それまでは調査といえば、「不便なところを指摘する」目的で行ってきましたが、不便さの指摘だけでは、マイナスからゼロにはなっても、プラス以上にはならないことを、薄々感じ始めていた時です。

否定するだけでなく、認める、肯定する、リスペクトすることに、どんな結果が待っているかわかりませんでした。しかし、本書でも紹介した鳥原光憲さんに、委員長をしていただいた「良かったこと調査委員会」の、委員や関係者一人一人が作り出す空気の温かさは、今までの「不便さ調査委員会」では味わったことのないものでした。

調査結果は、現在もテーマごとに業界で活用されています。コンビニエンスストアの業界団体である一般社団法人日本フランチャイズチェーン協会は、調査結果のイラスト版をホームページで公開してくださいました。東京都杉並区では、イラストにした良かったことを、関係する機関に貼り出して、多くの人が気付く工夫を行ってくださいました。そして、杉並区では2022年度から、施設の種別ごとの良かったこと調査を行い、次のステージで見えるものを見つけにいっています。更に、沖縄県、岡山市、熊本県、大阪府、愛知県にも「良かったこと調査」の輪が広がっています。
これを読んだ皆さんの周りでも、是非、良かったこと探しと共に、皆さんでそれを共有する仕組みと、新たな「良かった」を受け取れる場作りをしていただけたらとても嬉しく思います。

本書は、多くの方々からうかがった「良かったこと」がもとになっています。書ききれなかったたくさんのエピソードは、また別の機会に譲りたいと思います。
本書の発行にあたっては、一般財団法人日本児童教育振興財団の皆様、そして株式会社小学館の相賀昌宏《おおがまさひろ》会長の温かいご支援をいただきました。編集するにあたっては、三浦高志《みうらたかし》さん、森川美和《もりかわみわ》さんから的確なアドバイスをいただきました。心よりお礼を申し上げます。

２０２３年３月　吉日

星川　安之

【初出一覧】

第1章いいね！　こと編

■新所沢駅東口にある商店街
時事通信社『厚生福祉』２０１６年5月20日　7面　アクセシブルデザインの世界　第3回　障害のある人と共にある街

■空席（その２）
時事通信社『厚生福祉』２０２２年6月7日　7面　アクセシブルデザインの世界　第13回「フェア」の連鎖を生み出す声掛け

■駅前の花壇
時事通信社『厚生福祉』２０２１年10月26日　13面　アクセシブルデザインの世界　第1３１回　駅前の花壇

■彼女が盲導犬ユーザーになった理由
時事通信社『厚生福祉』２０１６年10月14日　6面　アクセシブルデザインの世界　第11回彼女が盲導犬ユーザーになった理由

■東京文化会館の事例集
都政新報社『都政新報』２０２１年8月20日　3面　自治体政策のススメ　共生社会への第一歩④

第2章いいね！　モノ編

■ボディソープ

時事通信社『厚生福祉』２０１７年2月7日　7面　アクセシブルデザインの世界　第20回　ボディソープでのたすきリレー

■2センチの段差とつり革の高さ

『都政新報』２０２１年9月10日　3面　自治体政策のススメ　共生社会への第一歩⑦

■補聴器と電池

時事通信社『厚生福祉』２０２０年6月30日　13面　アクセシブルデザインの世界　第１０５回　補聴器と電池

◆「不便さ調査」、「良かったこと」ウェヴサイト
https://www.kyoyohin.org/jp/research/

※本書のテキストデータを提供いたします。
視覚障害・肢体不自由などの理由で必要とされる方に、本書のテキストデータを提供いたします。こちらのURL・QRコードよりお申し込みのうえ、テキストをダウンロードしてください。
■URL・QRコード
https://p.sgkm.jp/yokatta

星川安之（ほしかわ　やすゆき）
1957年東京生まれ。1980年トミー工業株式会社（現・株式会社タカラトミー）入社。障害児の玩具、共遊玩具を開発。市民団体E&Cプロジェクトを経て、1999年財団法人共用品推進機構設立。現在公益財団法人共用品推進機構専務理事、2002年より社会福祉法人日本点字図書館評議員。2010年より一般財団法人日本規格協会評議員。著書に『供用品という思想』『障害者とともに働く』（共に岩波書店）等がある。

「良かったこと探し」から始めるアクセシブル社会
障害のある人の日常からヒントを探る

2023年4月3日　初版第1刷発行

著　著　星川安之
発行人　三浦高志
発行所　株式会社 小学館
〒101-8001　東京都千代田区一ツ橋2－3－1
編　集　03-3230-5150
販　売　03-5281-3555
印刷所　萩原印刷 株式会社
製本所　株式会社 若林製本工場
編　集　森川美和（共用品推進機構）　三浦高志（小学館）
校　閲　小学館出版クオリティーセンター
販　売　三橋亮二　　制　作　粕谷裕次
イラスト 星川のぞみ　装幀・DTP　編集工房一生社

©Hoshikawa Yasuyuki 2023
ISBN978-4-09-389110-3
Printed in Japan
※造本には十分注意しておりますが、印刷、製本など製造上の不備がございましたら「制作局コールセンター」（フリーダイヤル 0120-336-340）にご連絡ください。
（電話受付は、土・日・祝休日を除く 9：30 ～ 17：30）
本書の無断での複写（コピー）、上演、放送等の二次利用、翻案等は、著作権法上の例外を除き禁じられています。本書の電子データ化等の無断複製は著作権法上の例外を除き禁じられています。代行業者等の第三者による本書の電子的複製も認められておりません。